常读·人物志

文化与创意

◆ 陆新之　主编

西南财经大学出版社

中国·成都

你一定很少看书了，因为累；杂志也懒得看了，因为忙。

但你依然在看和读：早起的枕畔，浴室里面，午饭后的瞌睡间歇，临睡前的挣扎，你不时点开的手机屏幕上……

我们不能给你阅读的理由，但我们知道，有些内容可以让你的朋友圈更优雅。

我们不能拼接你碎片化的时间，但我们相信，有些阅读可以让你放慢脚步，哪怕只是假装。

目录

文商六人谭

众生·梦

陈九霖说企业与理想

文商六人谭

那些人为制造出来的大排场，其实完全是虚幻的。渐渐地，当我能够忍受并安稳地睡在地板上时，我才真正了解到什么是真、什么是假。

李连杰：一个博爱的"功夫皇帝"

文/张海

行走江湖：用真功夫推广中国武术

1982年，李连杰因出演《少林寺》中的觉远小和尚成为武打明星，从此他对功夫电影有了更加浓厚的兴趣。为此，他不仅从武术队退役，还移居香港开始新的演艺事业。此后20多年，在华语动作片的几次高峰和低潮中，李连杰始终用实力证明自己，用拳脚打出了一片属于自己的广阔天地。

尽管最初有不少人认为李连杰并不适合出演香港功夫片，但事实证明，天时地利人和，加上几十年的汗水甚至血泪，足以让他"黄袍加身"，成为实至名归的"功夫皇帝"。而在行走江湖的这几十年里，李连杰竭尽全力所做的，不仅是"通过功夫肯定自己存在的价值"，更是"借电影肯定中国武术"。

少年冠军的习武之路

在我8岁那年的夏天，母亲将我送进了什刹海体校的暑假学习班，也就是现在的北京体育学院。原本，母亲和其他同龄小孩的家长一样，只是不希望我无所事事地到处闲逛，浪费掉一个多月的假期。可没想到，我竟然糊里糊涂地被分到了武术班。在这之前，我从没想过要习武，更没料到我今后的人生再也离不开武术了。

一个多月的暑期武术班结束后，我又开始上学了，可突然有一天，我竟然被通知每天下午放学后继续去什刹海体校训练。当时，和我一起接到通知的学生有20多个，我是他们中最小的。刚开始，我还觉得这种生活很有趣。可慢慢地，新鲜感就过去了，训练也变得越来越辛苦。我清楚地记得，3个月后，有一部分学生就退出了训练，又过了一段时间，最初参加训练的20多个人就只剩4个人了，我是其中之一。

当时的我并不清楚到底为什么要参加这样的训练，但看到仅剩的几名同伴，竟不由地萌生出一个念头——我一定要坚持下去，一定不能半途而废。现在回想起来，我都不知道是什么支撑着我度过了那又苦又累的一年。

直到一年之后，也就是九岁那年的夏天，当我准备参加平生第一次比赛的时候，我才知道辛苦了那么长时间，终于要做一件大事了。

那是"文化大革命"以后的第一次全国武术比赛，但它既不是由政府举办的，也没有奖金，唯一的奖品是获第一名的参赛者会被公认为"优胜者"。这样的规则，如果放到今天，可能会被大家传为"笑柄"。可奇怪的是，当时的我竟被这种奖品吸引，鬼使神差地去山东济南参赛。那又是我生平第一次离家，第一次离开北京。

要去济南的那天早晨，母亲哭了，她放心不下我。可那时我已如箭在弦上，如果不去，我知道自己一定会不甘心，会后悔的。所以，我还是下决心踏出了那一步，最后成为比赛优胜者。

回到北京后，我以为又要继续以前白天上学、傍晚练武的生活。可没想到，有一天我突然接到通知，说从现在开始每天只用上半天学，其余时间都要用来练武。这一回，训练强度比之前又大了许多，因为我们的任务非比寻常，至少当时还没有见过大世面的我是这样认为的。

那时，我国要举办泛亚非拉美乒乓球锦标赛，这是一次意义相当重大的外交赛事。所以，我们要把中华民族最优秀的传统文化展现给国外友人，其中一个重要的方式就是在开幕式上表演节目。那么，除了京戏、舞蹈等以外，中华武术也是必不可少的表演项目。

在登台表演之前，我的家人比我还紧张，他们担心我会在表演时出错。可实际上，到了真正要登台的那个时刻，我们想出错都错不了，因为练得实在太熟了。我们武术团一共要表演5个节目，我参加了其中的3个节目。表演前的那段日子里，我们真是累得够呛，每天下午几乎不停歇地训练，前前后后光彩排就有12次，每次都有高层领导来评估。

但这样的付出是有回报的，那天的表演很成功，我们甚至获得了意外的惊喜，就是被周恩来总理接见。可以想象，总理亲自接见并称赞你的表演，那会让人多么自豪。对于当时只有9岁的我来说，这真是终生难忘的大事！

被总理接见之后，我在什刹海周围算是有些名气了，亲朋好友、学校老师们都或多或少地认为我是个可造之材。可偏偏到了那个时候，我自己还云里雾里，仍然不知道练武有什么用。

理想是当个公园看门人

我还记得，上小学时，家长、老师总爱问我们"长大了想当什么""有什么理想、志向"之类的问题。刚开始，大人问我的志向，我就说当军人、警察，或是当农民什么的，但其实这都不是自己内心真正的想法，是被灌输进去的。后来，我认真思考了这个问题，等老师问到我的时候，我说："我要当看守公园的。"老师听完很不高兴，觉得我是尖子生，却没有进取心。

那个时候还处在"文化大革命"时期，北海公园是不对外开放的，但我们武术队有一个特权，即队员可以经常去公园里跑步。那时一进到公园里，感受到那种宁静，我就有一种莫名其妙的开心。看着浇花的人与世无争地跟花"交流"，看着黄昏时的晚霞，我觉得那真是太美了，我太喜欢了，所以就萌生出"看公园"的想法。

不过，想归想，这样的"理想"终究有点不靠谱，更何况家里的生活负担一直很重，母亲一个人抚养我们五个兄弟姐妹十分不易。于是，在慢慢长大的过程中，我也开始认识到金钱的重要性，知道没有钱，一家人的生活始终是好过不了的。所以，到15岁的时候，我就想着要争光，要赚点钱补贴家用。但那时我在武术队只能拿到每月5元钱的补助，按照规定，等到了16岁我才能有固定的工资。

但事在人为，后来我的工资跳得很快，因为拿一块金牌就可以涨一级工资。13岁时我拿了好几块武术比赛金牌，就直接跳过了16元、19元、26元的几个档次，一下子拿到43元工资。再到16岁，我又一口气在第四届全运会上拿下5块金牌，工资一下跳到88元。20世纪70年代的时候，88元相当于一个教授、高级工程师的工资水平，也就是人们说的八级工资，已经到顶了。

可是，人生的路永远没有尽头，说不上哪一天，我们又会到达另一个顶峰，或者有更大的突破。而我的突破，就是我在几年后从武术队退役，改行当演员。

光头"觉远"留名电影史册

在接触武术的头一个10年中，我的生活基本上都是在频繁的武术比赛、表演中度过的。到了1979年，我开始考虑为自己选择一条新的道路，而电影《少林寺》给了我这个机会。

其实，我能够走入影视圈，拍功夫电影，这还要从11岁时的一次访问表演说起。1974年，我们武术队被派去美国进行访问表演，经过香港时也在那里表演了一场。据说当时香港银都公司一眼就看中我，想让我留下来拍戏，但代表团以我年龄太小婉言谢绝了，银都则说他们可以等。

这件事，当时大家谁都没有放在心上，以为只是人家的一句客气话。可没想到，到1980年，香港导演张鑫炎准备开拍《少林寺》时，竟还能想起6年前表演过武术的我，并打算让我出演片中主角。

从小失去父亲的我，性格既调皮又叛逆，且对世事充满好奇，对拍电影之事自然也很感兴趣。于是，我毫不犹豫地走进了《少林寺》的片场，并出演片中主角觉远和尚。这部影片的导演原本是陈文，他打算全部起用河南京剧团的演员进行拍摄。但制片方对拍出的效果十分不满，张鑫炎导演才被请来救场。张鑫炎进组后，决定推翻以前拍的所有素材，并重新挑选演员。他认为，在此之前，与少林寺有关的影视作品已有130多部，《少林寺》要想从中脱颖而出，就必须推陈出新。于是他决定，剧中所有参与武戏的演员都从武术运动员中挑选。他要拍一部前所未有的、一反香港功夫电影只注重花架式表演和卖弄镜头技巧旧模式的经典作品，而我就是在这时被他相中的。

很多人觉得我身材矮小，长相又显得太过正气，形象比较单调，并不符合香港功夫电影一贯的审美要求。但张导认为，《少林寺》里的"觉远"是个少年僧人，不需要多么高大的身材，而我生来一张娃娃脸，正好适合这个角色。就这样，我第一次拍电影，就饰演了男一号。

我还记得在片中扮演"秃鹰"的计春华曾说："《少林寺》里的每个演员都是一张白纸。"我对此非常赞同。影片开拍之后，我们根本不知道什么叫表演，怎样做才会有镜头感，对什么事都一无所知。导演握个拳头说："往这儿看！"我们就往他那儿看。而拍打戏的时候，我们也没有动作指导，导演告诉每个人需要打多长时间、从哪里开始、到哪里结束，之后我们就开始准备，到谁的镜头谁就自己设计动作。

那时，作为演员的我们谁都没有想到影片最后竟能成为电影史上的一个经典。当年，《少林寺》的电影票仅一毛钱一张，最终却创下了上亿元的票房。我们更加没有想到的是，此后的近10年时间里，《少林寺》都是内地武打类型片的典范。

这部片子是我的电影处女作，它几乎改变了我一生的命运，让我从一个国家体制内的武术运动员渐渐转变为功夫电影演员。后来，我发现《少林寺》改变的不只是我一个人，我听说很多年轻人都因为这部影片而爱上武术，并且选择去少林寺习武。更重要的是，影片还改变了当时政府对武术的态度。早在1979年的时候，政府就准备从各大体育赛事中取消武术这个比赛项目，但由于《少林寺》的成功让更多人开始重视武术，政府便决定继续保留这个项目，并将其推向后来的亚运会、奥运会。

所以，多年后再回想《少林寺》这部电影，让我感觉最自豪的，并不是自己当时多受欢迎与追捧，而是我们用中国武术开创了真功夫电影的先河，让国内外所有看到这部影片的人都相信，真功夫仍在中国。这是对我自己的肯定，更是对中国武术的肯定。

拍完《少林寺》后，我收到了人生中的第一张600万元支票。虽然我很清楚这些钱是要交给单位的，但是我仍记得当时的感受是，要赶快拿回来，把钱存进银行里，然后对家里人说上山下乡的兄弟姐妹全都回来吧，我养了。此前，在拍《少林寺》的两年中，我每天只能拿到一两块钱的劳务费，家庭的生活压力一直都很大。也正是这种来自"钱"的强大刺激，让我最终选择了进入演艺圈。

让每一个电影角色都接近完美

拍完《少林寺》之后,我对电影就很热衷了。但由于身处武术队,从1980年到1988年,这9年的时间里,我只拍了4部电影。而比我出道晚的很多人,都已经拍了二三十部影片。所以,那时我有种怀才不遇的感觉,心里总想着青春有限,却没有机会去拍自己喜欢的电影,这是一个挺大的冲击。

后来,我仔细思考后,觉得在过去20多年的人生里,自己推广中国武术的任务已完成了一大半,接下来的日子里,我应该为自己的生命做一次主了。于是,1988年7月2日,我辞去武术队所有职务,去了香港。那一天对我来说很重要,可以说标志着我第一次获得自己想要的自由。

离开武术队之后,我先去了美国。那时,我其实并不适应美国的环境。虽然小时候来来回回去过那里很多次,去表演武术,但是真正离开武术队这个团体,一个人在那里生活的时候,我还是会有种莫名的压力和恐惧。

比其他留学生或在海外生活的新移民幸运的是,我去美国的时候,已经有电影公司在等着我。在那里,我拍的第一部片子,是罗文导演的《龙在天涯》。可是,这部电影充斥着港式功夫片的味道,在当时还不对美国主流社会的胃口,所以最后并不是很成功。

于是,我又转回香港。在那里,我的人生出现了一个转折——导演徐克为我量身打造了《黄飞鸿》系列电影,这让我很快迎来了自己演艺事业的第二个高峰。也因为这一转折,后来我才有机会组建自己的公司,拍《方世玉》《中南海保镖》《精武英雄》等更多的功夫电影。

　　说起《黄飞鸿》系列，我印象更深的是和导演徐克的合作经历。第一次见徐克，还是在1985年，那时我拍完了《南北少林》和《中华英雄》，但与之前的《少林寺》和《少林小子》相比，已很难再有突破，影片票房也不如预期。于是，张鑫炎导演便引荐我去见徐克，他说这位留美归来的年轻导演很有想法。

　　与徐克会面之后，我们相谈甚欢，他也很想与我合作拍电影。但那时我还是国家武术队的人，不能独立接拍港片，所以此事暂时搁置了。待20世纪80年代末我彻底离开武术队，在香港与徐克导演再次碰面时，我们的合作便正式开始了。

　　起初，徐克导演先和我拍了电影《龙行天下》，讲述的是黄飞鸿再传弟子的故事。正如张鑫炎导演说的，徐克是个很有想法的人。在他之前，香港已有许多黄飞鸿题材的电影，但那些电影所表现的黄飞鸿形象都很刻板：头戴瓜皮帽的古板中年人，练南派武功，不苟言笑。这样的银幕人物没有鲜明的个性，不会产生很强的感染力。

　　于是，徐克导演就根据我的长相与特长，设计出一个更年轻、更加英姿勃发的黄飞鸿形象。这个黄飞鸿不仅会一套潇洒、舒展的北派功夫，还有毫不逊色于徒弟们的搞笑功夫。

　　徐克导演曾说，那个年代的香港功夫电影里，没有一个真正安稳、可靠的英雄，每一个英雄都有缺点，都不完美。所以，他希望自己打造的黄飞鸿是一个完美的银幕形象。而之所以选中我出演黄飞鸿，他说是因为我跟其他人的气场不同，他感觉我这个人有内涵、有正义感，而且在中国武术界有一定的地位。这些因素加起来，让他觉得我可以胜任这个英雄偶像的角色。

我知道，徐克导演对我的期待很高，也知道拍电影是一次性的艺术，不能修改，完成后观众喜欢与否，我们都不能再改变。所以，跟他合作之后，我对自己的要求也越来越严格，尽可能让自己出演的每一个角色都接近完美。

我记得20世纪80年代末的时候，大多数香港电影花20多天就能拍完，但跟徐克导演拍《黄飞鸿之壮志凌云》时，我们用了整整8个月时间，其间换了好多个武术指导和摄影师。有一次，我的搭档关之琳就坐在片场悠然地说："我坐在这儿都15天了，还没拍过一个镜头呢。"

可见，徐克导演对影片的态度是十分严谨的。若非如此，《黄飞鸿》系列也不可能在整个亚洲范围内都大获好评。作为主演的我，也不会在香港的大街上被人叫三年"黄师傅"。

在《黄飞鸿》系列后，我正好赶上了香港功夫电影的黄金时代，随后接连拍了《方世玉》《倚天屠龙记之魔教教主》《太极张三丰》《精武英雄》《中南海保镖》等许多影片。受徐克导演的影响，在拍每一部片子时，我都提醒自己，要呈献给观众最完美的形象。

拿《中南海保镖》来说，与我之前所拍的电影相比，这部片子里的枪战较多。虽然开枪并不是我的专长，但是在这样的影片中，枪战戏能大大增强整个电影的节奏感与时尚感，所以我必须从其他方面来弥补自己拍枪战戏的不足。后来，我们在一些重头动作戏中着重渲染气氛，比如片中我与倪星在充满煤气的厨房里对决的那段戏，倪星展现的是张扬狠辣加三分邪气的动作风格，而我则要表现得迅捷沉稳。这样，两人就会形成鲜明的对比，将紧张与危险的情绪表达得更透彻，开枪等动作上的不足则会被掩盖。

后来，在去美国好莱坞发展的时候，我更是打起十二分的精神去拍每一个镜头，做每一个武打动作。那时，我在不少影片中出演反面角色，很多影迷，以及朋友、家人都担心我会毁了之前塑造得很成功的英雄形象。但我一直认为，我只是一个演员，是一个普通人，我演一些英雄人物，但我不是英雄，我演坏人，我也不是坏人。电影是种艺术，怎么样能够塑造出近乎完美的角色，那才是最主要的。

在内心深处，我觉得在国外拍电影，我代表的不仅是自己，更是所有中国人；我去好莱坞，也不光是为了肯定自己，实现自己的价值，还为了肯定中国武术，向全世界推广真功夫。

人生没有过不去的坎儿

每个人的一生，都会走过不少坎坷路，但李连杰迈过的那些坎儿，似乎更让人震撼。接触武术的第一个10年，他在训练中摔断了腿，过后的20多年里，他冒着残废的危险继续拍电影，其间又面临种种困扰与挑战。2004年这一年中，他更是3次濒临死亡的边缘。

可是，每一次面临困境，他都会坦然、乐观地应对一切，他选择用最好的心态去看待每件事。正如他自己所说："事已至此，就不必难过，人生没有过不去的坎儿。"

三级残疾证和内心的挣扎

从8岁习武到现在，好像每过10年，我都会遇到一个坎儿。如今，我已经顺利迈过多道坎儿，但回想起来，一件件往事都是那么刻骨铭心。

我所面临的第一次困境，应该算是拍完《少林寺》后摔断腿的时候。不过，一切都像是命中注定一样，《少林寺》让我对功夫电影产生了浓厚兴趣；而意外摔断腿，又让我很难继续在武术队接受训练。于是，这也成了我从武术队退役的一个理由。

可话说回来，那次我所受的伤并不轻，一条腿的三根筋断了，还有一根骨头也摔断了。在医院里做了7个小时的手术，出来后问医生，医生说能够保证我正常行走，但此后我不能再做剧烈运动。那时候我只有19岁，还很年轻，这样的消息对我来说是非常大的打击。想到自己的运动生涯就此结束，又不知道如何面对将来，我心里难过极了，还偷偷躲起来大哭了一场。

哭过之后，我开始考虑自己将来能做什么，如果不能练武，不知道还能不能拍电影。当时《少林寺》已拍完，我发现自己很喜欢电影，希望将来能够进入电影界。可转念一想，我的腿断了，电影公司不要我怎么办呢？

不久之后，《少林寺》在香港上映，制片公司安排我去那里宣传。但他们完全封锁了我受伤的消息，在宣传过程中我只是假装表演一些武术动作，其实自己根本动不了。但当时的场面很轰动，大家望着我时，好像眼神里充满了对一个突然冒出来的功夫神童的崇拜。那种情况下，我更加痛苦、害怕了，我知道所有这一切可能马上就要消失了，我可能再也无法拍电影。可我不甘心，我不想就这样彻底放弃。

后来，我问医生，如果我硬是要做一些剧烈运动会怎么样？他说腿还是会断的。我说再断了呢？他说那就再接！我说再断了呢？他说，到最后筋不够长了，就没办法再接，这条腿就会瘫痪，不能再用了。

那时，我还真的领了国家的因公三级残疾证。既然是因公残疾，那我就问将来能得到什么好处。政府部门的人告诉我说，退休后我会拿到一些补助，能够保证不被饿死。后来我又仔细想了想，难道真的要拿着这本残疾证，碌碌无为地过完余生吗？不，我不想当个废人。在有生之年，我要做一些自己喜欢的事，哪怕冒着瘫痪的危险。就这样，我在接下来的几年时间里继续拍电影，虽然作品不多，但是至少让我觉得自己离瘫痪还很远。

可是，不久之后，我又陷入了两难的境地。有人出300万元找我拍电影，这原本是件好事，意味着演艺圈里已经有我的一席之地了，而且300万元在20世纪80年代可不是个小数目，那时我们每月的工资才几十元。但对当时的我而言，这突如其来的机会并没有给我带来太多喜悦，反而让我很痛苦、很挣扎。因为体制问题，拍电影的事自己还不能做主。

从小失去父亲的我，虽然没有受到母亲的太多管束，但是也不可能自己想做什么就做什么。尽管家庭生活压力很大，我们很需要钱，但我心里总觉得，离开了单位好像就会对不起国家。所以，这种内心挣扎时所受的煎熬，一点都不比摔断腿后的肉体打击少。

在香港警察的保护下拍戏

在20世纪90年代以前，香港电影以警匪片居多，但《黄飞鸿》系列及《东方不败》等影片，一下子掀起了古装电影的浪潮。而随后几年，正好是香港比较动荡的时期，黑社会势力比较庞大，他们常常会介入电影圈中。那时，我才感觉"商场如战场"这句话一点儿都没错。

我当时的处境，用江湖上的话说，就是"一只会下蛋的鸡"，人人都想拿这只"鸡"赚钱。可"鸡"仅有一只，这个时候，一些帮派就开始抢人，我的人身安全自然受到威胁。

记得在拍《中南海保镖》时，我在电影里演保镖去保护别人。可在现实生活中，为了保证我的安全，香港政府派了9个便衣警察在我身边，开车的司机、我的助手、帮我们做饭的人，全都是警察。

在警察的保护下，我的工作和生活还算顺利。可不久之后，我身边发生了一件非常轰动的事情——我的一位经纪人被枪杀。这对我来说的确是一个不小的震撼，但那时候的我已经不是初入电影圈的愣头小子了。我已变得很坚强，这种坚强来源于我至今仍然非常感激的一个人。

自到了香港之后，我就在那个相对陌生的地方，试图寻找任何可以生存的空间或缝隙。可我不幸地赶上了香港社会比较混乱的年代，梦想乃至生命随时都有可能被终结。就在我感到茫然无措的时候，有个人告诉我一句话，他说大家要的是蛋，而不是鸡，所以不会杀了那只鸡。

这句话给了我很大的启发，我想既然如此，我为什么不趁还有能力"生蛋"之时，做一些自己最想做的事。虽然周围乱成一片，但是我已经知道底线了，就豁出去自己闯一回。所以之后不久，我就组建了自己的公司，也就有了《方世玉》《中南海保镖》等影片。

混好莱坞要有"仙人掌"精神

20世纪90年代中后期，我在亚洲演艺圈已经做得不错了。这时，我想我应该有更大的突破，因为我在亚洲很出名，不代表在美国、在全世界都出名，何况我推广中国功夫的范围也不能局限于亚洲。

于是，我决定去好莱坞发展，在那里开拓一片属于华人影星的市场。这个时候，真正受困扰的其实不是我自己，而是身边爱护我、关心我的人。他们可能觉得我在亚洲已经很成功了，突然抛下这一切去美国，几乎要从零做起，这样不值得。也有人说去了美国，我可能会不受重视，甚至被歧视，最后我可能会很痛苦。

事实上，不管是在好莱坞拍戏的过程中，还是回国之后，我都不后悔当初的选择。的确，初到好莱坞，我也遇到过不少坎儿，但当我一步步走到最后的时候，我觉得一切都很值得，而我也获得了一定的成功。

在好莱坞拍第一部片子前，电影公司说给我100万元演一个反派。这样的酬劳水平的确不高，但至少是个机会。于是，犹豫一阵后我问对方，能不能让我先试试。这么一说，人家就把酬劳降到了75万元，因为对他们来说，"试试"就意味着此事存在不确定性，而且要多花时间。但机不可失，我知道如果再讲下去，他们还会继续将75万元降为50万元。按照合同，他们喊出一个价位时，只要对方喊出接受，他们就不可以再改变价格了。

就这样，我在好莱坞接拍了第一部以反派形象出现的电影。后来我渐渐意识到，真正的商业市场是很残酷的，好莱坞也有不同于其他地方的游戏规则，我既然走进了那里，就得按那里的规矩行事。

我一生都没试过镜，拍第一部电影时就演主角。可到了好莱坞，我就成了一个新人，拍片之前必须试镜。那个时候我已经很成熟了，我很清楚，不管自己以前有多红，现在到了新的环境里，可能根本没人知道我是谁。我想起北方人常说的一句话："要知道自己吃几碗干饭。"我要抓住每一个机会，正确地面对自己，挑战自己。后来，我倒过来一想，就更加明白了。如果有一个印度大腕在印度红遍天下，我们中国人没听说过，那我们够不够胆请他来中国主演一个华语影片呢？如果他真的来了，我们是不是也得让他试试镜呢？换位思考之后，就觉得自己去试镜的事是很正常的。我一直都相信，外面没有敌人，不管社会多么复杂，真正的敌人和对手都是自己。所以，我要做的就是把握好每一个机会，勇敢地挑战自己。

不过，对我来说，比试镜更大的挑战，是如何讲出最恰当的英文台词。记得我和梅尔·吉普森对一场戏，当时我就像个小学生，跟背书一样把台词背得滚瓜烂熟，可开拍后人家又改了词儿。面对这种状况，我很紧张，还闹了不少笑话。

很多时候，我以为自己讲出的英文很清楚，可导演、搭档们还是会觉得声音不对或者语气不对。到后来，我每天要做的最重要的事，就是学语言，让每一句台词的声音、语气都符合电影场景、人物个性等，而不仅仅是像背课本一样记住它。

除此之外，我在美国拍戏的那段日子，一个很深的感受是，好莱坞需要的是铁人般的体魄，没有健壮的身体和"仙人掌"精神，我们是很难混下去的。

记得拍《宇宙追缉令》的时候，最辛苦的戏份就是"跑步"。有一晚，剧组在洛杉矶的城市中心封锁了20条街，直升机在头顶飞，我就在街上奔跑。但那场戏并不是一次就能通过的，我跑了一趟又一趟，跑到快要休克的时候，已经接近夜里12点。为了不影响居民休息，夜里12点之后直升机是被禁飞的，但导演想抓紧最后几分钟时间拍出更完美的镜头，于是提出"再来一遍"。那个时候，我就在想，如果自己能像机器人一样有源源不断的能量，那该多好。

不过，这么多的挑战，也让我变得更加坚强，更加出色。回想在好莱坞闯荡的过程，有挣扎，有烦恼，也有喜悦。在那个过程中，我学到了很多知识和经验，也拍出了不少好的影片，一些以母语出演而配上英文字幕的电影，仍然可以同时在两千家以上的影院上映，我觉得很知足，很开心。

2004年，三次与死亡擦肩而过

2004年的时候，我人生中的又一道坎儿出现了，那就是接受生死的考验。而且这一年里，我连续3次从死亡的边缘挣脱出来，不知道这算是幸运，还是不幸。

第一次与死亡擦肩而过，是我和家人在马尔代夫度假的时候。当时我们遭遇了印度洋海啸。海浪冲上来的时候，我们都懵了，不知道发生了什么事情。等到发现不对劲，抱起孩子转身往岸上走时，海水已淹到膝盖上，再走两步后就淹到腰上了。水一齐腰，我们就走不动了，再坚持走两步后水已到胸口，而保姆已经在喝水了。就那么一刹那，如果海水再高一点，一切可能都结束了。其实，在那短短几十秒的时间里，我们并没有受到太大惊吓，因为根本没反应过来是怎么回事，真正开始害怕是在第一次浪潮退下之后，有人告诉我们说两个小时后海啸还会再来。而等待第二次海浪的过程，非常考验人，也非常恐怖，就像在等待死亡。

　　在马尔代夫那样一个小岛上，我们根本没有什么地方可以躲，岛上陆地已经全部被水淹没，水最高的地方都已经淹过人的膝盖。我们酒店的房间里，冰箱都浸在水中。

　　后来，我想起以前拍灾难电影时的情景，就把那时的经验全用上了。我们把酒店里的人全组织到一起，然后第一个问题就是查有淡水吗，够用几天。酒店工作人员查点后，发现所有的淡水够我们这些人用5天，粮食也差不多够用5天。所以接下来，我们就集中在一起分水、分食物。

　　有经验的人说这种海啸过去以后，两个小时后还会再回来，那我们就要分救生衣了。那个时候，我真正体会到"地球是一家人"的概念，因为不是某一个人在做这些事，酒店里的200多人中有黑人、有白人，还有我们黄种人，大家不分国籍、宗教等，都很自觉地先把东西分给小孩、妇女。

　　当时，我的孩子一个4岁，一个才1岁，讲什么她们都不太懂，只好给她们点吃的，尽量减少她们的紧张感。终于，通过所有人的互相帮助与鼓励，我们坚持下来并等来了卡塔尔王室派来的救援直升机。灾难过后，我很清楚对孩子的心理关怀有多重要，因为恐惧的阴影会持续很长一段时间。后来，我花了很长时间让孩子们慢慢适应水，让她们渐渐了解，水并不是那么可怕。

在逃过那一劫之后，有人问我当时面对死亡的感受，还说假如生命就此结束，我会不会遗憾。其实，当时的我很坦然，我觉得如果这一刻要结束生命的话，就这样结束吧，这是我没办法反抗的。

可我没有料到的是，海啸之后，我很快又"中彩"了。那是拍电影《霍元甲》的时候，我不小心从4米高的货台上摔了下去，稀里糊涂地落了地。落地以后，我倒觉得没什么事，还自己爬起来，但旁边的人都吓坏了。后来去了医院，医生说要是摔得再偏一点，我的腿就断掉了。所以，那次的腿伤本身并不十分严重，真正威胁到我的其实是内伤，是身体里的瘀血。

腿伤痊愈后，我经常去四川、青海、西藏等地拍戏。但一次在西藏，我到海拔4 600米高的地方住了3天，后来突然就歪倒在地，呼吸变得很急促，越来越喘不过气，原因是之前受伤时的瘀血未消散。当时，我知道自己的情况已经比较严重，但氧气不够用了，我必须尽快往低海拔处走，而要走到最近的有氧气的地方，还要3个小时。

在走的过程中，我想了很多，包括"钱和价值"的问题。我想，如果前方不远处有一袋氧气，卖10元人民币，那我愿意给他1000万元。1000万元换一条生命，到底金钱与生命的价值是怎样的呢？

所有这些问题中，并不包括给儿女的钱没存好、这个房子怎办、那个东西或电影的分红交给谁等。这一切，我一早就放开了，放开后烦恼就少了，也不再害怕什么了。我想事已至此，那也不必太难过，人生没有过不去的坎儿。

寻找生命的答案

到了40岁，李连杰说他好像已走过了其他人一生要走的路。的确，这些年来，他经历过人生的种种幸与不幸。在此之后，他潜心修佛，与智者交流，目的就是寻找让心永远平静、快乐的方法，因为再多的物质都换不回永恒的快乐。而在修心的过程中，他也渐渐悟到武术的最高境界，并将其在自己一部武术电影《霍元甲》中表现出来。

过度的民族主义不是好东西

从小所受的教育和所处的环境，让我产生了很强的责任感、使命感，也让自己背上一种包袱。在武术队的那些年，每次参加各种武术比赛，当市领导讲话的时候，我们都认为他代表着全市人民的心；每一次出国表演，我们都默默告诉自己，我代表着中华民族青少年的精神面貌。

一件比较有意思的事情是，11岁那年我拿到全国武术大赛的第一个冠军，然后就去美国交流演出。当时的美国总统还是尼克松，演出结束后他问我："你功夫这么好，长大后做我的保镖吧？"我想都没想就对他说："不，我要保护所有中国人，而不是你一个人。"

此话一出，场面有些尴尬。旁边的基辛格便圆场说："你以后可以做外交家了。"事实上，在出国表演之前，我们已经被训练了大半年的时间，学了很多外交辞令，被问到政治问题，我们要表达立场。但有时牵涉到国家情报、机密时，我们就要用"天气好吗""运动好吗"等转移话题。

因此，当时说"我要保卫全体中国人民"，确实是那个年代我被训练出来的直接反应，有点民族主义的味道。但我记得尼克松总统说了一句话，他说中国是一个很伟大的国家，美国也是。如果这两个大的国家能彼此沟通，彼此理解，就会对整个世界的和平起到很大作用。如今，几十年过去了，回想起这句话，我仍然觉得很有道理。

我一直认为，民族主义是个好东西，但过度的民族主义就一定是坏东西。虽然从小就背负着强烈的使命感和民族荣誉感，但我所受的教育中也有"四海皆兄弟，中国人的朋友遍天下"的内容。美国人是我们的朋友，非洲人也是我们的朋友。这话毛主席说过，周总理也说过。所以，后来每次出去，我都以这样的心态面对世界，试着抛下"你""我"这种根深蒂固的思想，希望五湖四海的人真正成为兄弟。

其实，到了现在，人们都很熟悉我所说的那些名词，它和"全球一体化""地球村"的概念都是一致的。如今，很多东西我们根本分不清它是中国的还是美国的，又或是其他国家的，像一个品牌的货物，可能美国买了原料，然后在中国生产，再销往全世界。

再说10多年前流行的"打进好莱坞"这个词，我有不同的观点。如果好莱坞的门根本不开，我们怎么打进去呢？如果中国根本不开门进行贸易活动，国外品牌又怎么打到我们这里来呢？

在我看来，国与国之间，民族与民族之间，都存在着互动的关系，在这个互动关系网中，我们都是一个整体。所以，从武术表演到后来拍电影、做慈善，我始终都记着老祖宗们说的"天下为一家"，尽力用宽广的胸怀应对每一件事。后来我拍电影《霍元甲》，就表达了这样一种理念。

我们的功夫片，很多年来都以"打洋人"为首要内容。但《霍元甲》不是这样，它要讲的是，一个人真正的敌人是自己，是自己内心的恐惧和民族自尊心受到伤害后的愤怒、不甘。

很多情况下，当我们看到一个在中国受人尊敬、喜爱的演员在外国电影里被人暴打，我们一定会说这部影片在"辱华"。但反过来想想，如果有外国演员在我们拍的影片中被打，那其他国家的人会不会说这是"辱洋"呢？我想基本不会。所以，《霍元甲》的整体思路就是告诉大家，要了解自己，并勇敢地战胜自己，而不是让大家看几个不同肤色的种族打来打去。

人生在世，不能将所有的责任、使命都抛之于脑后，无论我们走到世界的哪一个角落，都不能做对不起民族的事，这应该是我们的底线。只要守住这个底线，我想，我们尽力做一些自己喜欢的事情也是无可厚非的，毕竟人生匆匆数十载，错过之后再也无法回头。

入禅境，看清自己

1997年的时候，我开始觉得物质并不能给人带来真正长久的快乐。那时我虽然在好莱坞拍电影，但是心里渐渐有了退休的想法，不想继续拍电影了。

从小学就开始学武术的我，虽然没什么文化，但是平时很喜欢相对地看世界，比如会思考男女、父母、老师与学生的关系等。大家站在不同的立场上，就会有各自独特的想法，一旦有人把自己的想法强加给别人，就会产生冲突，他们相处就不会和谐。从个人的角度讲，我们每天都生活在"相对"里。拿人的欲望来说，从买大彩电到买车子、买房子，我们的目标一步步实现，欲望也在不断扩大。可是，当我们有了名、有了利的时候，当我们不断前进的时候，又会在某个阶段突然变得恍惚，这是因为我们接触的人群不一样，我们会与他人做对比。

我身边有一些亿万富翁，我看到他们也一样有很多困惑，也会不开心。小的时候，我的梦想是成为有钱人，以为有钱就能解决一切。可到头来，有那么多钱的人，仍然会为儿女操心，为婚姻担忧，为自己的企业王国担忧。于是，我明白了物质带给我们的快乐是相对的和短暂的。但我怎么样才能找到一种可以让内心变得永恒平静的方法呢？

从那时开始，我就致力于寻找让心永远平静、快乐的方法——其实就是追求生命的真正价值。我去了全国很多地方，找到一些我认为是智者的人，开始与他们交谈。当时我大约找了四五十位智者，还跟着他们修行。这个过程中，我发现他们完全没有任何自己的欲望，完全在付出。我能深切地感受到他们无私奉献的精神，他们的每一个笑容，都会让我深受感染。

在追寻心灵的答案、生命的价值时，我还有过一些平常人难以想象的经历。其中一个是从日本到青海去"学死亡"，另一个是去美国"禁语"。

怎么样"学死亡"呢？其实就是学习如何面对死亡。2003年的时候，我去日本宣传电影，当时真的是受到了国际巨星般的待遇，住着五星级大酒店的总统套房，周围还有一大群保镖，那种派头真是不得了。可是，从日本回来，一下飞机我就扎进了青海，在那里"修炼"起来。

我在青海待了3个星期，每天都用一个方法锻炼，进行简单的修行。在生活方面，我每天都睡在地铺上，3个星期没洗过一次澡，也喝不到一杯烧开的水，环境真的很恶劣。有时突然想起巨星派头与睡地铺中年人之间的反差，我会觉得这个世界很可笑，那些人为制造出来的大排场，其实完全是虚幻的。渐渐地，当我能够忍受并安稳地睡在地板上时，我才真正了解到什么是真、什么是假。

后来，我去美国参加一个"十天禁语"的修禅活动，这是很难得的一次人生经历。在那10天里，我们每天早上4点起床打坐。一炷香是45分钟，我们要打坐两炷香的时间，之后吃早餐，早餐后继续打坐，打坐完又吃饭，然后一直坐到晚上10点，睡觉也睡在地板上。

那次去修禅的大约有100人，其中70人是外国人，他们有学物理的、学心理学的，有工程师、会计师……去之前，我以为全是中国人，没想到中国人只有30人。大家还不能说话，都只能打坐。

禁语第一天，大家都很兴奋，因为从没有过这样的经历。第二天也比较开心，但之后就开始腰酸背痛，开始后悔，心想我在家里那么舒适，来这里干什么。不过，四五天过去之后，我们就慢慢进入那个禅境中，心想反正已经来了，那就坚持做下去吧。以往我们被凡尘俗世困扰，用了太多时间去与自己之外的人和事斗争、较量；那么在禁语修禅的时候，我们就该好好去看清自己，寻找自己生命的真意了。

十天禁语，其实是一个很有意思的事情。除了思考人生，我最大的感受就是：这一生走过的地方中，终于有一处没人给我拍照，没人找我要签名，这种感觉太自由了！

禁语之后，我找到的第一个答案就是，人的痛苦、不快大都来自于比较。很多人都喜欢比较，可我不喜欢，我经常会跟朋友说，过去的事我都忘了，就像做了一场梦似的。我记得后来有网友问过我，说所有合作过的女明星中，觉得谁最棒，我告诉他的答案亦是如此。

《霍元甲》阐释武术最高境界

当我们越来越了解"禅"的时候，就会发现自己的快乐只是冰山一角，而怎样把其他人的痛苦都解决掉，怎样为别人带来快乐，这才是真正难办的事。这个时候，人就会有一种悲悯心，希望能帮他人减少痛苦。

所以，在拍《霍元甲》的时候，我说过这是我最后一部功夫电影。因为我想在年过40的时候有一个转折，放下包袱，向一个新的目标进发，这个目标就是从精神世界上推广使人快乐的东西。

年过40的我，已不需要再向别人证明什么。名与利，我都或多或少地得到了一些。所以，此后我想放下以自我为中心的出发点，去回馈社会，与更多的人分享精神上的快乐。而到拍《霍元甲》的时候，我觉得自己从小背负的推广中国武术的责任，也该画个句号了。除此之外，我想把自己对武术的定义、为什么练武及武术的最高境界是什么等，都通过这样一部电影描述出来。描述之后，我个人对武术的情结，也就放下了。

在《霍元甲》那部电影的最后，霍元甲已经去世后，有个少数民族的姑娘却又看到他的幻影在打一套拳。很多人说那套拳编排得很好，看起来非常漂亮，又很洒脱。可实际上，那并不是专门编排的结果，而是对自己的心的释放。

拍那场戏的时候，导演没有设计动作，武术指导和周围的朋友们就说，不管了，开机一次过就行了。开拍后，我根本不知道要怎么打，只是带着"此地仅自己一人"的心态在那里舞动肢体，安静地感受着自己的内心。

可以说，那是一个从有招到无招的过程。那个时候的霍元甲，已经掌握了精神力量，他不会给任何人带来恐惧感，每个接近他的人都会感到安全，这就是武术的最高境界。在此之前，我认为练武还有两层境界：第一层境界是学习武术的形式，并不断重复它们，把自己的四肢化为武器并磨炼得越来越锋利，这时武者的精力都集中在技艺上；第二层境界就是身体上的技艺已十分纯熟，精神力量的重要性逐渐显现出来，若能使对方感到恐惧或说服他，那就不用与他进行格斗了。

爱，是最强大的力量

步入婚姻殿堂的利智，甘愿在事业高峰期退出影坛，做李连杰背后的女人，为他打造一个美满的家庭。但在通往幸福生活的道路上，他们也面临众多考验。与死神搏斗过的李连杰和利智，越来越认识到家庭的重要性。从那以后，他们更加珍惜一家人在一起的每时每刻。

然而，他们的爱并不是自私、狭隘的，他们都有着一颗博爱的、悲悯的心。所以，他们要将爱与快乐传递给更多的人，要尽自己最大的努力去帮助那些不幸的人们。为此，他们共同创建了"壹基金"，用更科学的手段去做慈善。在回馈社会的过程中，他们正渐渐成为时代的楷模，而不仅仅是影视圈里的前辈。

"十年之约"的爱情故事

"你如果什么都失败了，我养你一辈子。"我不知道有多少人从自己配偶或恋爱对象的口中听到过这句话，但在我人生不如意之时，我的太太就这样说过。对我而言，这是比任何东西都强大的力量。

我的太太利智是上海人，最初与她相识是我刚去美国拍《龙在天涯》的时候。当时，利智也参演了那部片子，与她初次见面的那一次，我呆住了，因为她说出的每一句话，都让我觉得她比其他任何人更了解我。就这样，我们一见钟情。于是，我不顾一切地与前妻离了婚，把自己所有的财产都给了她，两个女儿则由我来抚养。

我知道，外界对我和利智的感情，曾产生过一些争议。但我可以很肯定地说，当时的我比任何时候都清醒，反而最初与前妻在一起的时候，因为太年轻又太早出名，所以自己比较冲动，一点都不理性。也因为这样，在认识利智之后，我对待感情的态度更加谨慎了，我们之间还定了"十年之约"。

有人说追女朋友是一件很辛苦的事，但我不这样认为。对于一个追求者来说，为自己所爱之人做任何事，都会很浪漫，会觉得很幸福。我记得拍完《龙在天涯》后的一段时间，我们回到了香港，但利智还经常去外地工作。有一次，我就在她回家要经过的一条路上等，我以为她下飞机后一定会走那条路。结果，足足等了7个小时之后，我才知道利智已经从另外一条路回家了。那个时候我对香港还不熟悉，根本不知道她还可以从另外的路回家，但7个小时都没等到她，我并没有感到失望，而是更加坚定了对她的爱。

　　人在恋爱的时候都容易失去理智，虽然我也有这种感受，但是我不想重复第一次婚姻的失败经历。于是，与利智交往一段时间后，我们在一次聊天的过程中定下了"十年之约"——如果10年后彼此还是这样相爱，感情依然这样稳定，那我们就结婚。因为那时我们会在很理性的情况下做出选择，双方都不容易后悔。利智也很赞同我的想法。就这样，我们恋爱了10年，到1999年9月19日那天，终于携手走进了属于我们的婚姻殿堂。

　　如今，我们已有20多年的稳定感情。但回首这些年，我们的生活环境恰恰是非常不稳定的，特别是她还在演艺圈的那些年，各种各样的绯闻也时常围绕着我们。可是，对于这些，我们彼此都很坦然。无论外界怎样评价，利智从来不为自己辩护，她的性格就是如此。她只希望有我一个人可以懂她，而我也一心一意地为她付出。那个时候，我真正感觉到有一个人值得我为她付出一切乃至生命，那种感觉才是真爱。

　　在恋爱的那10年中，我们没有遇到太大的考验和起伏，但只因为我说了一句话，就是"我真的不喜欢女朋友在演艺圈"，利智就在自己事业的高峰期,在一年拍4部大片的时候离开了演艺圈。

后来,我有意自己组建电影公司,但当时自己的经济条件并不好,如果失败,我可能会变得身无分文。但利智告诉我,既然有想法,那就不要犹豫,大胆去做,她说:"大不了我养你一辈子。"听到这话,我心里有说不出的温暖与感动,但同时也在想,自己做公司的确有危险性,万一失败了该怎么办。

可最终,我还是迈出了那一步,因为有一股坚强的力量支撑着我,那是来自于利智的鼓励与支持。而且每到关键时刻,她都会在背后帮我撑一撑。所以,一个好女人对男人来说,真的太重要了,她会让你变得更踏实、坚强。

爱是没有定义的

很坦率地说,遇见利智以前,有很多女孩子在追我,可利智是第一个让我愿意付出一切的女人。我是个喜欢思考、不爱出声的人,很多人都不知道我在想什么。可跟利智认识两天后,她就可以说出我心中所有的忧虑、要奋斗的决心等。那个时候,我很震撼,也很骄傲。很快,我就明白了,当我愿意为一个女人付出一切的时候,这就是爱情,没有理论,没有什么定义。

在我和太太结婚之前,准备拍《卧虎藏龙》的李安导演找到了我,他想让我参与这部电影。可电影开拍的那年,我要结婚,太太要生孩子——此前我已经答应她,如果她生孩子我就一年不工作,在家里好好陪她。所以,为了我们之间的承诺,我没有答应拍《卧虎藏龙》。对很多人来说,这可能是比较遗憾的一件事。但对于我而言,能够得到爱是一件非常幸福的事情,而已至中年的我,也越来越觉得任何事都没有家庭重要，尤其在太太生下女儿后。

以前年轻的时候，我一直在外打拼，总是将事业放在第一位，对两个大女儿的照顾很少。与前妻离婚后，我将两个女儿送去母亲那里，而我做的只是给她们寄钱，找最好的学校。但慢慢地，我对她们的歉意越来越深。后来，当我成为4个女儿的父亲后，我要做的最重要的一件事，就是尽最大的努力去履行自己的责任，让孩子们感受到更多的父爱。

2007年，在刘德华香港红馆的演唱会上，女儿Jane穿着自己最喜欢的蓝色舞裙与刘德华一起跳拉丁舞，这是她当时的圣诞梦想。

我从小比较叛逆，不爱听大人的话。后来自己当了父亲，我就很在意孩子们的想法，我一直告诉自己，一定不能让孩子们觉得我很啰嗦，或者强加给她们一些价值观。每个人的生命就这么几十年，孩子们愿意做什么就让她们去做。只不过，我要帮她们分析清楚，为了做这件事她们必须付出些什么。

现在，我的国籍是新加坡，之所以移民到那里，主要是为了孩子们。之前，我在美国住了很多年，一直很想给她们找一个能让我放心又可以让她们学中英文的地方，让她们安全成长。走了很多地方，我最后选择了新加坡。她们在那里我很放心，我可以连门都不用锁，就出去做我自己的事情。

回到家中，我经常像跟朋友聊天一样和女儿们交流，让她们更加信赖我，愿意对我敞开心扉。在今后的日子里，我会珍惜每时每刻，跟家人一起分享所有的爱与快乐。

"壹基金"，用爱关怀受伤心灵

2004年，我和太太还有两个女儿经历了海啸。回家之后，我就告诉太太，剩下的生命是我们赚回来的，我们应该做些回馈社会的事，太太非常支持我。于是，我们一起在香港成立了一个基金会——"壹基金"，并开始为一个共同的目标去奋斗。

"壹基金"的理念，就是说每个人每个月拿出一元钱，就能为那些处于灾难、疾病中的人们带来许多帮助。我一直在说"天下为一家"，如果这件事做得好，我们就不用等到每一次灾难降临时再呼吁救援。

我去过不少灾区，知道灾难发生的头三天是非常重要的，那时的灾区民众有深深的恐惧感，外界到底知不知道他们身处灾区？有没有人愿意帮助他们？那个时候，很多难题可能都要靠国家应急中心去解决，而我们能做的就是尽可能进行人道主义援助。像云南地震，当知道发生此事时，我们就立马与云南红十字会取得联系，第二天已经将粮食送到灾民手上，速度很快。我想，将来基金会发展得更大时，我们还能做更多的事情。

其实，我和太太早就将"壹基金"当成自己的事业来做了。我们用两年的时间来筹划运作，而我们选定的项目，就是关注心灵受到伤害或有心理疾病的人。两年的时间里，我们花费800万元咨询费，请全球顶级咨询公司帮我们做精密的市场调查。调查的结果显示，2003年全国有25万人自杀。而当时，全国还有3 000万心理疾病患者。另外，在高速发展的社会里，很多人都有一种焦虑的心态。

于是，我们将"壹基金"的宗旨定位为对心灵的关怀。心灵的创伤、心理的疾病其实很难康复，它不像外伤或其他疾病，住院后能够立马见效，它需要全民的长期关注。所以，"壹基金"跟其他基金会不一样，它本身是一个互动的过程，就是说当你捐一元钱的时候，你其实想到了关心他人，你将爱传递给了他人，这就是善；而对你来说，随着时间的推移，那些被帮助的人也会感恩。

现在，"壹基金"已经拥有许多义工，北京有1 000多名大学生及9所大学都参与进来。但在最初筹划之时，为了动员更多的人支持"壹基金"，平时不太爱出声的我几乎成了"话痨"。

那时，我见谁都会跟他谈"壹基金"，在电影片场，连临时演员我都"拜托拜托"。剧组每天都有通告，上面写着哪位明星明天几点该干什么、去哪里等，后来我就在上面加上"希望大家支持'壹基金'"之类的话。有一天，我还把徐静蕾专门叫到车上去。她以为要谈剧本，没想到我一张口就说"壹基金"，想请她一起来做这个项目，她也很支持。慢慢地，在我动用拍电影20多年来的人脉后，"壹基金计划"得到了很多人的帮助。后来，我又去了美国，向美职篮与克林顿基金会学习。

美职篮的每一支篮球队、每一个球员都有自己的慈善基金，所有大大小小的慈善基金加起来有300多个，这让我肃然起敬。在"克林顿全球行动计划"的年度国际研讨大会上，我也受益匪浅。全球有1 500人一起在那次会议上探讨了包括环保、消除贫困等方方面面的问题，让我学到了很多发展慈善事业的经验。之后我带孩子去美国迪士尼乐园游玩，临走时，一个员工交给我一封信，里面有85美元，他说这是85个员工每人捐助的一美元，我深受感动。

不过，自宣布成立"壹基金"之后，我也知道外界出现了许多不同的声音，大家会质疑这个机构的效率、透明度等。对此，我认为很正常，任何人在做一件事的时候，都不可能得到所有人的赞赏，有不同的声音，我们才能不断进步。

关于"壹基金"的运作，我用了两年时间去学习。那两年里，我到过加拿大、美国、印度及中东，去学习每一个国家的法律及基金组织运作方式。国外很多地方的基金组织都已发展得十分成熟，但我国香港和我们内地的慈善业似乎刚刚起步，到2004年才有基金组织的管理条例，而且大多数基金组织都是只出不入的，这样的基金组织很难长期立足。

所以，当我动员大家把一元钱捐给"壹基金"时，人们会怀疑自己所捐款项的去处，这该怎么办呢？我们让"壹基金"借助中国红十字会的平台，就是作为红十字会中的一个项目，我们筹到的款项也到红十字会的账户。这样一来，我们这个基金会就算属于国家了。但我们筹到的钱，红十字会不能直接使用，必须向基金会申请如何使用，之后基金会在审批时会考虑是否符合这个计划的理念，如是否属于灾后心理重建项目等，再做决定。

总之，运作一个基金会，是一个很复杂的过程，我们要了解整个法律架构，要在合理合法的基础上保证其透明运作。

很多时候，大家不是不肯捐钱，而是对捐赠方式、机构等存有疑问。大家不知道自己每次捐的钱去了哪里，到底有没有落实到灾区或受帮助者手上，有没有人反馈这个消息等。所以，在这个慈善事业不够成熟的环境里，我们要做的事情还有很多。

让《海洋天堂》唤起更多人的善念

2010年，已将电影当成业余爱好的我，出演了《海洋天堂》里一位自闭症孩子的父亲。很多人问我，这是不是预示着我在弃武从文，在转型？我说，有什么好转的，我都这么大年纪了，该做点自己想做的事儿了。而这件事，与我正在做的慈善事业有莫大的关联。

《海洋天堂》里，我扮演的是一位患上绝症的单身父亲。他在自己弥留的两个月里，为患有自闭症而无法生活自理的儿子，尽一切可能安排好生活。而我出演这部电影，不仅是为了展现一个慈爱、传统、内敛且无私的中国父亲形象，更是为了引起更多人对自闭症孩子的关注。

20多年前，像《海洋天堂》这样的片子，我基本上不会拍。一是那个年代并不流行这样的题材，人们更喜欢看武打片；二是当时我们自己都很穷，又怎么管得了别人呢？但是，当我们做了父母，看到孩子一点点成长，也体会到其他父母的不容易后，我认为需要通过电影这种方式唤起大家的"善"，让更多的人去帮助自闭症孩子。

许多年前，我崇拜的人是李时珍。他只是一个医生，完全没有一官半职，却多次冒着生命危险去尝试不同的草药。万一遇到毒性很大的草药，他就没命了，这份勇气绝不是人人都具有的。后来，李时珍写出了《本草纲目》，试图解决人的疾病问题。所以，我觉得像他这样的人，才是真正的英雄好汉，值得我一生去尊重。

而现在的我，虽然还没有像李时珍那样将一切都无私奉献出去的勇气，但是我花了超过20年的时间，终于体会到世上最强大的力量是爱。我会在我的余生不断凝聚这种力量，将其传递给更多需要的人。

在我看来，西方的教育方式也有可取之处，但是不能完全照搬。我不赞成美国家庭那种过于放纵的教育方式，还是主张教育子女方面要紧一点、严厉一点。

洪金宝：真性情的功夫电影"大哥大"

文/张海

拜师学艺，艺成收徒

60多年前，京剧名伶于占元从北京来到香港，开办了一所"中国戏剧学院"，以教学严厉而出名。别看学校的名字很"大牌"，其实就是一所普通的戏校，屋舍简陋、条件艰苦，但是教学质量非同一般。

崇信"严师出高徒"的家长们纷纷把孩子送了进来，希望孩子能在于老师的教导下学到京剧唱念做打的真本领，使其成为长大后谋生的技艺。当然，如果孩子们能够在于老师的"棍棒之下"成为"五好少年"，就再好不过了。

洪金宝的父母也是出于无奈，才把顽皮的儿子送进了戏校。让家长没有想到的是，这个自幼调皮的"三毛"在师门竟然学会了一身唱念做打的本领，在日后的功夫电影界更是"笑傲江湖"，成为香港电影圈最负盛名的"大哥大"。

现学现卖的大师兄

我小时候很淘气，上幼儿园起就开始逃学了。后来就一直逃学，到了小学二年级，干脆就不去学校了，天天在马路上打架，一帮小孩子们都叫我"小霸王"。家里人很无奈，他们平时还要出去上班，没有时间天天看着我，只好把我送进了于师傅的"中国戏剧学院"学戏。当时所谓的戏剧学院其实就是京剧戏班，生意也并不算红火。

我进戏校之前，妈妈曾经带着我去戏校实地考察过，想知道我对学戏究竟有没有兴趣。我看到有几个师兄弟在那儿练功，他们在翻跟头，我觉得很好玩，就说愿意学。一个礼拜后我妈就把我送去了。结果一签约就是7年，其中学习需要6年，再帮师傅一年，总共7年。也就是说，我9岁进戏班，16岁毕业。

我们当年拜师学艺是按照旧式梨园行的规矩，都是要签"生死约"的。家长只要下了狠心把孩子送进戏校，那么在契约期内就不能干涉师傅的任何教育行为。

论资排辈的话，我是"元字辈"的，师傅就给我取了个艺名叫"元龙"。在我之前的几个师兄，由于受不了戏校这种严厉的教育方式，都跑了。这样我就成了大师兄。后来成龙、元彪、元彬、元秋、元华等师弟师妹们陆续都来了，每个人都要接受我这个"大师兄"的领导。师傅不在的时候，我就会代替师傅教导其他师弟。我是一个"好"师兄，怎么买来怎么卖……就是以前的师兄怎么对我，我就怎么对待师弟们，所以他们当时都很怕我。

现在有人一听说我是学京剧出身，都会问我："当初于占元师傅没有嫌你太胖吗？"其实进戏校的时候我很瘦的，而且我很有练武的天赋。

至于我是怎么从俊男变成胖子的呢？这要从一次训练中受伤说起。在一次训练中，我不小心跌断了脚踝，就住院了。养病期间，我爷爷经常寄来一些点心安慰我。一下子有了这么多好吃的，我就大吃特吃，结果我的身材很快胖了起来。出院之后，我就成了一个大胖子，一直到现在。

被打也是幸福的回忆

我做学徒的时候，从来没有想过有朝一日，我们这一群淘气的孩子都会成为"大明星"。当时我们的训练很辛苦，也很枯燥，每天都是拉筋、劈腿、翻跟斗等，一天要练上十几个小时。

我知道大家都在心里记恨师傅，说他这种训练方式是"地狱式训练"。我当时一直有一个愿望，就是出师之后，一定要狠狠揍一次师傅。不过这个愿望永远实现不了了，因为出师之后我便明白了师傅为什么会那样严格要求我们。没有师傅的严格要求，我们这些人不会有这样硬桥硬马的真本事。所以我现在对师傅只有尊敬、只有感激、只有怀念。

我师傅是很伟大的一个人。他在50多年前从内地来到香港，没有朋友亲戚，只有我们这些徒弟。有一件事说出来很多人都不敢相信——当时师傅是不收我们一分钱的，管吃管喝，还教我们唱戏，教我们练功。后来，师傅总共收了差不多有六十几个徒弟，但从来没向弟子们收过一毛钱。

一开始，戏校的条件相当艰苦，练功厅当卧室用。白天练功，晚上就一张帘子隔开，男孩子睡一边，女孩子睡另一边。师傅就睡在我们隔壁，只不过比我们多一张薄薄的床垫而已，连一张像样的床都没有。他教了我们两三年之后，我们开始登台表演了，可以出去赚钱了，才换了一所大一点的房子当学校。也是到了那时，师傅才买了一张床睡觉。

很多师弟接受采访的时候，都会讲到小时候挨打的故事。没错，我们都挨过师傅的打。不同的是，我是大师兄，他们还挨我的藤条。对我们来说，做错事被师傅打一顿是家常便饭，即便有人心里不服气、有委屈，也不敢说出来。

曾有记者听到我讲这一段的时候，很惊讶地问我："你们这是戏校还是监狱？"我告诉他："我们这里是调皮乐园。"为什么这么说呢？想想看，每天都要面对一大群十来岁的顽皮的小孩子，你会不会烦呢？何况被送进戏校的都是淘出圈儿的，是父母都头疼不已才扔给师傅的。尽管师傅确实很严厉，但是我现在想起来就觉得他当时完全正确。因为如果不通过这种方式立威，正常的教学是无法进行的。

我算是挨打比较少的，因为我脑子转得快，总能在师傅发火的时候及时躲开。元武和元华挨揍比较多。至于成龙，挨揍就更多了，而且不是师傅一个人揍，是我们所有人都揍他。因为他老喜欢捅马蜂窝、老喜欢惹人。现在想起当时的情景，我只会觉得很温暖，哪怕被打也是很幸福的回忆。

自己逃学，元华受罚

我在学戏期间印象最深的一件事，是我逃学元华却替我受罚。事情是这样的：当时我妈妈和于师傅签了生死合约，告诉我以后的7年时间都要在戏校度过。结果不到一个礼拜，我就后悔了，开始喊救命。于是我就经常想办法逃学，先后一共逃跑过4次，都被师傅给抓回来了。周星驰后来拍的那个《逃学威龙》出来之后，熟悉我的人都说应该找我来演。

我在戏校的最后一次逃跑是在签约多年以后，那时候大家都已经认命了，不会有谁再动逃跑的心思了。那时候我们住在7楼，楼梯有个转弯，后面有片空地，很少有人会注意到那片地方。我观察好地形，就开始了洪金宝版的"三毛流浪记"。我背上铺盖卷儿，就躲在学校楼梯底下，席子一铺，我就躺在那儿，哪里都没去。元华知道我在那儿，每一次吃饭他都偷偷把饭剩下给我吃。

师傅在外面找了我3天都没找到。结果元奎师弟告密，师傅才发现原来我根本没出去，就躲在学校里。而且元华知情不报，还偷偷给我送饭吃。为了教训我们两个，师傅出狠招了。他一藤都没打我，只是让我看元华师弟挨打。他打了元华师弟70藤，光是藤子都打断了两根。我看了很心疼，所以发誓再也不打元华了，这个师弟太仗义了。我自己也不再随便逃学了。

在这件事发生之前，我和元华每一年的年三十晚上一定打架，而且会打得大家脸上血都出来。因为我们每年的年三十晚上都会跟着师傅去唱堂会，到一些罐头厂、糖果厂表演，回来每人都能分到一包糖果。怎么分这个糖果呢，大家就赌扑克牌，赌注就是一两颗糖。就为这一两颗糖，我们每次都打得鼻青脸肿。

后来，我们知道了是元奎一直在打小报告，就联手打元奎。谁叫他当"二五仔"，谁叫他总是通风报信嘛。

走，报仇雪恨去也

小的时候，我经常带着师弟们出去打架，但我们并不认为这种行为叫"打架"，我们称之为"报仇雪恨"，对象是路边的流氓、混混。因为在香港，很多人都不喜欢光头，赌马的时候看见光头或者和尚就认为很不吉利，会输钱。我们戏校所有的男生都是剃光头的，师弟们有时候上街去买东西，就会被这些小混混收拾一顿，打得头破血流的。

我是大师兄，看到这种事当然不能置之不理。我就会带着师弟们去报仇。那个时候我也只不过十三四岁，师弟们就更小了，我们的对头却都是十八九岁或二十几岁的年轻人。对阵的结果却往往是我们大获全胜。

我们去荔园的剧场唱戏，每次都要坐巴士。有一个老戏迷的儿子是开大巴士的，他告诉我们如果上车的话，就说是家属，这样就不用买票了。老爷子还把他儿子的名字、工号、家庭住址和车牌号都告诉我们了。

我记得很清楚，当时我一上车就报翠微路1033号。如果只有一个人这么说，售票员也就不说什么了。我们倒好，呼啦上来十来个，都说是家属，个个都是翠微路1033号。这样人家就不信了，还用很脏的话骂我们。我就说你可以不相信，但你不能说脏话骂我们。他不听，还是骂，结果我们就动手了。我们从汽车发车就一路打，直到把他打下车为止。

不过当时我们那么多师兄弟在一起，真正动手打架的只有我一个。他们都不帮忙，在一边坐着"看戏"。

怕师傅怕到发抖

20多年前，我用童年生活做素材，拍了一部电影《七小福》，我凭这部电影拿到了金像奖影帝奖杯。公开放映的时候，我们请师傅一起来看。师傅看完电影老泪纵横，他问我："我当初有那么凶吗？"我心想，您当初比这还要狠。

前几年，我们师兄弟又聚在一起，准备拍《七小福》的续集。续集剧本其实十几年前就已经有了，故事说的是我师傅怎么带着一帮徒弟去了美国，在美国又是怎么样落难。差不多是真实故事，只在中间我们改编了一小部分。

小时候，我们怕师傅可不是嘴上说说，而是打心眼儿里害怕，怕到发抖。当年我们在荔园唱戏的时候，师傅永远躲在第二排观众席里偷看，其实就是监督我们是否偷懒。我们师兄弟从小就练就了很好的眼力，因为每次出场我们都先观察师傅躲在哪里，就像现在拍戏时找镜头一样。我师傅喜欢戴一个帽子，所以当我们发现帽子的时候就精神抖擞，表演也格外卖力。一旦发现帽子没了，就一下子泄了劲，一边演一边休息。

有人说我们师兄弟后来都在事业上取得了不错的成绩，证明了师傅这种管理方式还是比较有效的。要我说，不用到现在才证明师傅的英明，早在当年，我们的戏班就已经很成功了。我师傅曾经带着我的二十几个师弟去台湾唱戏，挑战当地的戏班。那时候台湾也有几个大的戏剧学校，学生都是一两百人。结果都被我们给打败了，所以台湾的戏剧学校的学生们特别佩服我师傅。那次我没去成台湾是因为当时我奉了师命留在香港把关，带领其余的师兄弟在荔园继续唱戏，也算是重任在肩。

戏台上的"周天王"

你问我当年唱的是什么行当，我可以很骄傲地回答："我是生旦净末丑，外带上下手，什么都要熟。"这并不是开玩笑，除了花旦之外，其余的行当我都唱过。我一开始在学校里面是学青衣的，你们不要看我现在的样子就说我吹牛，小时候我的扮相和声音都是极美的。

我学了一段时间青衣之后，又改唱小生，像《四郎探母》中的杨宗保都是我来唱，不过后来倒仓了。当时我是在台上倒仓的，唱着唱着突然就唱不上去了，嗓子很痛。唱完那次后我就跟师傅说以后打死我我也不会再演小生了。

我在学校里面，除了花旦不能做，小生不能做，其他的我都能做，只要哪个角儿突然间病了，都是洪金宝上。

不知道大家熟不熟悉《春秋配》这出传统剧目，其中《捡柴》这一折一共才3个人，一个小生、一个花旦、一个老旦。突然有一天，那个唱老旦的生病了，师傅就让我顶上。可我虽然清楚这部戏的腔调，但是具体到某一个演员的对白，我都忘了。于是我就"咿咿呀呀"开腔，然后低声问跟我搭戏的小生，下一句说什么。他就背对观众告诉我下一句戏文。就这样，我们一问一答，把整出戏给唱下来了，台下的观众竟一点都没有看出破绽。

师傅经常教育我们："不怕你胡念，就怕你不念。"意思是到了台上一定要有话说，不能冷场。有一次，我们唱《汤怀自刎》，我演的是金兀术，一上台就有四句定场白："孤家兴兵夺宋朝，南征北战费辛劳。但愿宋室一起扫，扶保老王九龙朝。"我一上场，念出前两句之后，不知怎么就忘了第三句"但愿宋室一起扫"了。我灵机一动，就把这一句的声音压低，但是韵味在，像现在的周杰伦唱歌一样，嘴在动，声音也有，但是具体唱的是什么，大家都听不太清楚。等到第四句"扶保老王九龙朝"我又念得字正腔圆，这样观众就听不出毛病来了。

我师傅耳朵好使，每天在台下专门挑我们的错处。遇到这种情况，他就会骂我："学了半天的戏，你怎么嘴里讲话都讲不清楚？"我就会说："师傅我下次不敢了，我下次讲清楚一点。"所以只要我念了，哪怕嘴里不清不楚，师傅也只会骂我几句。但是我要是不念，那挨揍就是一定的了。

办校收徒，遥寄恩师

中国的功夫电影虽在国际电影市场占有重要地位，但也存在着问题：一方面，影视院校培养出来的学生擅长表演，但在武打技能方面存在欠缺；另一方面，武校的学生都是靠着武术专业进入影视圈，却没有经过表演专业的训练。这两方面的因素，导致了功夫电影整体水平和质量面临着青黄不接的困境。圈内用"会演的不会打，会打的不会演"一句话来形容这种尴尬的局面。

我总听人说，中国的功夫电影界，20世纪70年代有李小龙、80年代有洪金宝和成龙、90年代有李连杰、甄子丹，到了21世纪，却没有能挑起大梁的领军人物。每次听到这样的说法，我都会想起师傅当年开戏校收徒弟的豪情壮志。我就想，何不办一所学校，改变这样的状况呢？

我一直希望中国的动作片能够不断有新人出现在国际舞台上，也一直在寻找合适的机会，办一所比较正规的影视特技学校，圆我多年来的梦想。把这所学校放到内地，我也有自己的考虑。因为内地本来就是藏龙卧虎的地方，有特殊才华的人很多。现在我有时间、精力，也有资金，就选在了离北京、天津和涿州影视基地都比较近的文化古城保定，开办了洪金宝影视特技培训基地。我希望这个培训基地能够不断为中国电影界输送一流的人才。同时我也有一点私心，就是希望我的洪家班能够后继有人。

风华正茂话当年

洪金宝当过耀眼的小童星，也做过最辛苦的龙虎武师；担任过武术指导，也主演过电影、电视剧；当过导演，也做过监制，丰富的经历无人能及。有人统计过，洪金宝到目前为止一共参与过190部电影的拍摄。这个数字，别说是亲身参与了，就是坐在放映机前连续观看，也够看一阵子了。

50年的从影生涯，也让洪金宝结交了数不清的大小明星。究竟是李小龙厉害，还是成龙威武？是元彪动作潇洒，还是元华技高一筹？让"大哥大"来逐一评说再合适不过了。

"七小福"与"七老夫"

熟悉我的观众朋友们都知道，我和成龙、元彪、元华、元奎、元武、元泰7个人曾经担任过一出京剧《七小福》的主演，演出很成功，师傅就借此机会组建了一个"七小福"戏班，在圈内逐渐打出了名号。有了名气，我们就可以获得更多的演出机会，也可以多赚些银两。

其实，"七小福"戏班并非只有我们7个人，还有元俊、元振、元宝、元秋等人也在。只是有几个师弟很早就转行，渐渐被观众遗忘了，而我、成龙、元彪、元奎、元华、元德、元彬7人依然活跃，时不时再跑出来拍个新片或者拿个奖，大众眼中的"七小福"就自然而然地变成我们7个了。

我现在都已60多岁了，师弟们也都过了知天命的年纪，当年英姿飒爽的"七小福"如今都变成"七老夫"了。

我的艺名是"元龙"，而成龙的艺名则是"元楼"。后来我签约期满出师之后，成龙成了大师兄，他就顶了"元龙"这个名字。日后师兄弟们都来到影视圈打拼，除了我和成龙改回本名之外，其他人都继续用师傅取的名字来闯荡江湖。

我们这些人不光能演动作戏，后来也都陆续做了幕后的武术指导。有记者朋友告诉过我，香港电影金像奖从20世纪80年代初设立至今，一共发出20个最佳武术指导的奖杯，其中有12个落在了我们"七小福"手上。他说我们师兄弟"占了香港武术指导和功夫片的大半壁江山"。

这样的话我听了当然很高兴，但我知道这是朋友们的抬爱，因为据我所知，这么多次获奖，并不完全是我们"七小福"的功劳，很多时候我们都是和别人合作拿到的奖项。比如说《新龙门客栈》这部经典电影，就是程小东和元彬师弟合作的，《一个好人》也是成龙的成家班和曹荣合作的。

我师傅是京剧界有名的武生，带徒弟都是主攻武行，所以我们都当得起"严师出高徒"中的"高徒"这两个字。像我和元彪主演的《杂家小子》，其中有我们两人大练猴拳的场面。你从我们的身手和灵活的面部表情就可以看出来，当年"七小福"合演《美猴王》等猴戏没有白演。至于我和成龙在《A计划》中扮贼唱戏一段，那就更简单了，童子功可不是白练的。

"挑衅"李小龙

我从戏校出来之后，就做了嘉禾电影公司的龙虎武师。有一段时间我很潦倒，经常向公司管财务的何冠昌先生借钱。何先生什么话都不多问，非常信任我，每次我一开口他就批给我。这样我每个月都借钱，一连借了一年。和我一样做武术指导的人都涨价了，而我感念何先生当年的慷慨，在嘉禾二十余年，从来没有主动提过"加薪"这两个字。李小龙从美国回到香港，与邹文怀谈合作的时候，我已经是嘉禾公司的常驻武术指导了。

李小龙的几部成名作都是和嘉禾合作的，所以我们之间打过不少交道。1972年，拍摄《精武门》的时候，我就参与过摄制工作，而成龙、元华等人当时还是小武行。我们都在影片中出演了被李小龙痛扁的小角色，不过都没有露脸。

这几年做节目，很多主持人、记者都让我讲一讲当年在嘉禾公司走廊中与李小龙过招的情景。我可以很负责任地告诉大家，这件事的确是发生过，但我无意利用李小龙来炒作自己。再说，我毕竟在电影圈也有自己的身份，徒子徒孙也有了不少，根本用不着拿别人来拔高自己。

我很佩服李小龙的功夫，也比较敬重他的为人。我想是因为李小龙已经过世了，在他32年的生命中，能有机会跟李小龙在电影中合作、在生活中切磋的人并不多，所以大家才会一直追问我们当初交手是什么情况。

其实，我们并没有交手，我们是"交脚"——因为我们较量的是腿法。当时，李小龙刚从美国回来，来我所在的剧组探班。我见到他很兴奋，因为那个时候由他主演的《青蜂侠》《盲人追凶》两部电视剧在香港放映，他已经是我们的偶像了。

我记得自己看到他的第一句话是："你的武功很厉害。"我当时是一种欣赏、仰慕的感觉，但可能我讲话语气不对，让他觉得我在挑衅。他说："我是很厉害，你想怎么样？想不想斗一下？"他都提出"想不想斗一下"了，这种情况下我只好应战了。大家都是年轻人，又都是争强好胜的个性，所以我即使知道自己有可能会输，也不能退缩的。我们两个就面对面摆了一个姿势。我这个腿刚刚一抬起来，他的腿就打到我脸上了。当然，他没有发力，就搁在我面前。

他问："怎么样啊？"

我说："好快！"

他的动作的确很快，真的是练到了传说中的"你不动我不动，你若动我先动"的境界。

然后，我就向他解释说自己并非挑衅，完全是善意的。幸亏他没有真的踢我，要不然我多冤啊！当年是年轻，面对李小龙的挑战，我必须答应。现在如果有年轻人过来问我敢不敢和他们比一比拳脚，我会说："不敢不敢。"

后来，李小龙逝世的时候，我也参加了香港电影人为他举行的送别仪式。李小龙过早陨落，的确是我们功夫电影界的一大憾事。

我是"大哥的大哥"

在圈里，大家都认为"大哥大"这个称呼最早是从我身上叫开的。人家会说："我们都管成龙叫'大哥'，你洪金宝是'大哥的大哥'，该怎么叫呢？"我就说："很简单啦，叫我'大哥大'啦。"

这只是开个玩笑，我们都知道，"大哥大"最早是手提电话的俗称，就是块头很大的那种移动电话。那种笨重得像砖头一样的手提电话在香港刚刚兴起的时候，卖得很贵，使用的人很少。在圈内，我是第一个使用这种手提电话的，因为我在片场当导演，总是通过这种手提电话来发号施令，所以人家就称呼我为"大哥大"。后来，手机越来越精巧，"大哥大"的叫法就不太流行了。

说起我和成龙的关系，很简单的四个字："亦师亦友"。虽然我们都是于占元师傅的弟子，但我是大师兄，师傅没有那么多精力个个亲授功夫，所以很多师弟的功课都是我传授的。在众多师兄弟当中，我与成龙的合作是最多的。30多年前，只要是我和成龙领衔主演的功夫片就是卖座的保证，用现在的话来说，我们是很有票房号召力的。

　　不过我们两个后来的风格有所不同。我喜欢表现群体的战斗力，会把影片中几个主演的动作都设计得很漂亮，让观众觉得是一场势均力敌的较量。成龙不一样，他喜欢表现个人英雄主义，只要是他做主演的电影，别人的表现再花哨，都不能抢走他的风头。

　　我们当年的师兄弟们偶尔会在一起聚会聊天，少不了互相揭一揭短。我自己小时候逃学的事情当然是不会主动提起的，但是我可以向大家爆料成龙当年也是"逃学威龙"。

　　我告诉大家成龙经常练着功就不见了人影，大家上完课他才回来，害得我们全队人都挨打。

　　元彪赶紧附和说："对，成龙一个人犯错，全队都要挨打，所以大家学会了自律之余也要互相监督。"

　　成龙也不客气，马上就还击了。他说我当年作风很霸道，每次吃饭，总是把好的饭菜全部放在自己面前，所以师弟们都趁大师兄没入席的时候，先拼命吃饱。

　　我经常会遇到这样的问题，问我和成龙谁比较厉害？我就说："成龙打得最漂亮，也蛮有创意。他总能发明出别人没用过的招数，当然这个是在电影里好看。在现实中未必管用！哈哈！真功夫嘛，还用问？一剑倚天，有谁打得过我？你们不用比来比去的，不管成龙地位多高、成就多大，他永远都是我的小弟。"

家里的"三好"男人

洪金宝骨子里是传统的中国人。他从小进戏班学习，对于师傅棍棒教学的方式毫无怨言，还多次在接受采访的时候表达对恩师的感谢，并认为师傅的授徒方式是最正确的。

在母亲面前，他一向是最听话的儿子。不管在外面名气多大、有多少人等着尊称他一声"大哥"，回到母亲面前，他都当自己是八岁的孩子，任打任骂，任劳任怨。

大家都知道洪金宝的爱妻高丽虹是1984年香港小姐选美的冠军。如此佳人当年怎么会看上身材奇胖的洪金宝呢？洪金宝对于一朵鲜花插到自己身上这件事也是大为得意，坦言"追女孩子"是需要一些"手段"的。

很多明星为人父母之后都会标榜自己开明的家长风度，总是努力塑造"孩子的大朋友"的正面形象。洪金宝不同，他就敢公开说："我们家永远不会平等。我这个做爸爸的永远要比孩子高出那么一点点。"遇到孩子淘气的时候，他不介意做恶人，像小时候被师傅责打一样，他会用藤条来威慑自己的儿子。

侍母甚孝的好儿子

我自认为是比较传统的中国人，我的根在中国。我的骨子里有中国古代的孝悌之心。你们或许不知道，这么多年来，我一直是和我妈妈住在一起的。平时没事的时候，我都会陪着妈妈，陪她去买菜、陪她去做脚底按摩。菜市场那些卖菜的老板都跟我很熟，他们会跟我打招呼："三毛，陪妈妈来买菜？"我就会说："是啊是啊！""三毛"是我的乳名，因为妈妈一直这样叫我，后来很多朋友也跟着她老人家叫我三毛。

我是很相信"家有一老，如有一宝"这句话的。因此，朋友们都知道我很重视家人，还有人戏谑地称呼我为"大肥孝子一个"。

我小时候是在外婆家长大的，我妈妈对我的外公外婆就非常孝顺。应该说我的孝心是耳濡目染的结果。

在我结婚的第二年，我还被妈妈痛打过。我相信大多数的年轻人都不会有这种"殊荣"，成年以后还要接受妈妈的教训。那次是为了我太太，准确地说是因为我的前妻，我才挨打的。我前妻是韩国人，她和妈妈在语言、文化、生活习惯上难免会产生一些冲突。一天不知道因为什么，她就气着我妈妈了。老太太真是气急了，我就赶紧站出来说："妈，您有火冲我发吧。就当我是少林寺出来的，经打。"妈妈没客气，就用以前的那种很粗的四方木凳砸我。我也很硬气，站在那里一动不动，让妈妈出气。凳子散架了，妈妈才停手，结果我也没什么事，就是流了点血。

疼爱妻子的好男人

我现在的太太是高丽虹，她这20多年来一直陪着我，很贤惠、很称职。她对我的几个孩子视如己出，母子相处得非常好。客观地讲，高丽虹是一个合格的"后妈"。

对我的家庭比较熟悉的人会知道，高丽虹是1984年"香港小姐"选美冠军，是真正的港姐。由于家庭教育的原因，她粤语不是很好，所以当年获得冠军之后没有依照惯例马上和电影公司签约。

高丽虹是中国和澳大利亚的混血儿，她继承了父母的优点，气质很出众。在她当选"港姐"两年之后，还是有导演找到了她，请她做女主角，她在《烂赌英雄》《东方秃鹰》这几部电影中的表现都可圈可点。

我们俩就是在片场认识的，她当年主演的几部电影都是由我设计的武打动作。"美女爱英雄"，亘古如此。我的身材虽然有点走样，但是英雄气概不变，她选择我也证明她很有眼光。一开始的时候，高丽虹并不懂武术，总是向我请教，我们还是挂名的师徒关系。日久生情吧，时间长了她就发现了我很多优点，情不自禁地嫁给我了。

拍打戏，我是她的老师。后来我去美国发展，她又成了我的老师。不过我不是向她学功夫，而是学英语。在美国拍片的时候，我也有专门的英文老师。但是人家不可能24小时都跟着我，一般都是在片场给我做几个小时的翻译就离开了。离开片场后，就由我太太随时纠正我的发音了。

在美国我为了说好英文，还专门住到了没有中国人的犹太人聚居区。在那里住了半年多时间，英文水平也没见提高多少，怎么回事呢？原来每次看见别人和我打招呼，我掉头就跑，所以才会住了半年，连说一句"Hello"的机会都没有。

有年轻人问我夫妻相处之道，我会告诉他们，我们夫妻之间只要有了矛盾，肯定是我马上认错。我不喜欢两口子之间"秋后算账"，这样玩心机是不会有好结果的。

宽严相济的好父亲

我自己从小到大没少挨揍，妈妈也好，师傅也好，谁看我淘气都会出手教训我。后来我当了爸爸，有了3个儿子和1个女儿，对待他们，我也总结出一套教子"方案"。

我一直相信"严师出高徒""棍棒之下出孝子"这些老话。在我看来，西方的教育方式也有可取之处，但是不能完全照搬。我不赞成美国家庭那种过于放纵的教育方式，还是主张教育子女方面要紧一点、严厉一点，让小孩子对大人有一点尊敬是比较好的。

我的几个孩子，念书学习的事情我都放手让他们的妈妈去管理，我只负责管教他们的性格，太淘气的时候我就会用藤条来教训他们。

我教训儿子一般都是打3下藤条，但是我不会3下连续打下去。因为我小时候经常挨打，是很有经验的。我知道第一下痛的时候你第二下、第三下紧接着"啪啪"打过来，就和打一下没有什么分别。得等一会儿，给他痛的时间，让他仔细体会那种痛。痛了好久，第二下、第三下再打过来，这样才是实实在在的3下藤条。

孩子小时候，可以揪过来打几下屁股。当他们长大了，就需要换一种教育方式了，后来我就用故事来教育孩子。

话又说回来，如果我们每个人都照顾好自己，才是对父母尽孝，对儿女负责。我们香港有一句话叫"儿子养仔仔养仔"。就是爸爸养儿子，儿子养孙子，一代一代养下去，指望"儿子养爸爸"不太容易。因此，我们都要照顾好自己，不要全指望着儿子来养自己。

现在我也很开通了，我儿子都敢跟我称兄道弟了。开玩笑的时候，我叫他老兄，他叫我老弟。对女儿，我就下不了这个手了，更不会强调"棍棒之下出孝子"了。

现在，我的孩子们也都进了娱乐圈，有搞乐队的，也有拍电影的。我并没有鼓励过他们进这一行，但是他们都是成年人了，都有自己的想法。既然是他们自己的选择，我就只好支持了。儿子想做导演，自己拍一部电影，还让我友情出演，一分钱的片酬都不给我，那我也认了，还得乖乖听话，谁让我上辈子欠人家的呢？

眉头紧锁与器宇轩昂，最能反映伍继延当下的精神特质与文化气象。多年商海沉浮，让他见惯风雨，他愤怒于不少同行的蝇营狗苟与精神萎缩。这个求学于岳麓山下的男子，自小对湖湘文化耳濡目染，自然容易揭竿奋起，指点江山。"哀其不幸，怒其不争"，这种情绪凝结在他的脸上；伍继延舌灿莲花，精力充沛，天生领袖气质，加之其慷慨随和的大哥性格，最易赢得同行的敬重。这般行走江湖，光明磊落，自然卓尔不群。

伍继延："归来者"的旗帜

文/李军奇

海南出发

　　伍继延15岁考上大学，而后被时代风气感召。1988年，不满足于做高校团委书记的伍继延南渡参加海南建省办大特区的实践，任职于海南体改办并被委派筹建海南改革发展研究所。

　　海南之于伍继延，是商海的起点。中国现代商业史有名的"92派"中诸多干将——冯仑等万通"六君子"、毛振华等，均于海南发迹。

"当时海南体改办是省委的智囊机构，也是省政府改革的执行班子。绝非坐而论道，既能当参谋，又能实践。这符合湖湘文化知行合一的特性。"忆及当年之所以离开高校，挺进海南，伍继延说："当时我深切感受到，知识分子面临巨大的社会变革，如果不抓住机会，全力参与，总会有无力感，也会被时代淘汰。"国家领导人对特区寄予的厚望与特区百废俱兴的状况，激发了伍继延投身时代洪流的勇气。

　　作为智囊机构的一分子，伍继延对当年具体"参谋了什么工作"语焉不详，只提到工作不久，又遭遇人生的失意。

　　"我们那时身上有很多梦想，也抱有更多的想要改良这个体制的想法。"结果发现，"世界改变不了，那只好改变我们自己"。他们那拨南渡的年轻人喜欢一首叫《一样的月光》的歌。改变自己，首先就要争取财务自由。不被钱欺负，成为这群书生的理想。1992年，伍继延自筹20万元（包括万通团队给的10万元），注册了一个公司，名为"海南易通传播产业联合开发总公司"。和当年那些激情万丈的创业者一样，名号大而响亮，至于公司能做什么，能做到什么程度，谁也没琢磨清楚，"只是意识到文化产业将来有巨大的发展空间"。"运气好，倒腾几个月赚了一大笔。年底回长沙，在当时最好的宾馆开流水席，请的全部都是被钱欺负的朋友。我们把酒店所有的葡萄酒都喝光了。"

　　他曾动念拍摄电视剧，不了了之；也曾投资办杂志，由于种种原因没能办下去。

　　1994年，湖南电视台启动改革，湖南经济电视台开始筹办。有人找到伍继延，牵线谈合作。当时激动于制播分离的改革春风，伍继延认认真真地与相关负责人吃饭商谈，最后还是畏难退出。但他与电视的缘分未了。1995年，从美国游学归来，伍继延因缘际会，又与大连电视台合作，开办了一个体育频道，"当了道长，除了节目由台里审查与播出外，其他的都由我负责。搞了一年，还是因为体制问题，选择了退出"。

伍继延热恋文化产业，但总是激情而来，抱憾而去。伍继延的商业嗅觉不可谓不灵敏，而且他在文化产业的管理创新方面颇有建树，当时与央视谈合作，他已提出主创持股、年底参与分红等思路。伍继延在早期的文化投资项目中不可谓不用心，但囿于文化体制及政策的限制，加之社会资本投资媒体几无经验可借鉴，以致基本折戟而归。

"流放者"归来

文化产业有前途，但总是"坑钱"。为了生存，伍继延在海南随大流开始炒作地皮，如愿赚到了人生的第一桶金。"赚了钱就搞文化生意，亏了，就搞地产。"海南开发热潮一过，伍继延返回故乡，继续寻找机会。

1997年，重庆直辖。伍继延相信那里是财富与机会的新战场，于是转战重庆。事遂人愿，在重庆他做出一件至今让他满意的商业项目——"五黄路"。如今"五黄路"已成为重庆中央居住区的标志。因在事业上崭露头角，伍继延被在渝打拼的湖南籍商人邀请，参加重庆湖南老乡会的活动。

伍继延的口才与实力让老乡会的发起者心动，他们希望他能担起组织与主持在渝湖南老乡会工作的重任。"从体制内走出的人，过去习惯了有人管，习惯了有个组织。现在当了老板，烦恼来了：谁来管我？没有了自己的组织，遇到问题只有自己扛，没有交流，没有分享。"

断了体制的奶，伍继延习惯性地想重回一个"组织"，于是接受邀请，热情满怀，准备一搏。但他很快却感到心惊——"老乡会"居然连个章都没有，"不是一个合法组织"。几经折腾，时任重庆市工商联主席的尹明善愿意接受"老乡会"挂靠，但是要求"不能叫老乡会，要叫商会"。嘿，商会更符合老乡会的会员身份，伍继延爽快地同意了。

2003年初，"重庆市湖南商会"诞生了。伍继延一查，才发现这是重庆市第二家外地商会。而这个商会，也是全国第一家湖南商会。"当时出现的一些湖南企业家组织都叫某某协会，都是政府办事处成立的。"湖南省第一个商会却歪打正着由民间办成。这似乎颇具象征性，伍继延多年后倡导的公民社会的主体和推动力也都是他看重的民间组织。

与鲜见的湖南商会相比，"浙江商会""温州商会"倒是遍地生长。伍继延开始反思这个现象。"五四"以来，自从喊出了打倒"孔家店"的口号，一时"反传统"的呼声甚嚣尘上。"湖湘文化"是中国传统文化的支脉，在这个市场兴起和经济全球化的时代，很多人包括湖南人自己都对湖湘文化产生疑问：湖湘文化是否能够胜任新时代的任务？在湖湘文化的两座高峰"湘军""湘政"之后，能否产生新的高峰"湘商"？

伍继延以为，文化还是要有一个积淀、一个复兴（现在中国人谈"文化复兴"已经成为时尚了），然后再创造的过程，所以他提出"湖湘文化的第三次复兴"：要谈创新，先得继承。复兴之为复兴，指的是先去"复"、去"兴"，有所指向，有所依傍，然后才能"变古为今"，再创辉煌，而非横空出世。

"所以我提出'湘商'是站在创造'湘军''湘政'的这些巨人的肩膀上的。我们的老祖宗给我们留下了这么丰富的湖湘文化的精神遗产，我们没有理由不自豪。偏偏我本人的名字又叫'继延'，我身体里流淌着的是湖湘文化的血液。"伍继延认为，商业文明已成为当今人类文明中最具有活力的文明，作为湖南商人，面对农耕文明孕育出来的湖湘文化，就要有"重估一切价值"的勇气。这种重估，不是全面推翻，而是梳理与发现传统中的优良基因，依据当今的普世价值加以有机整合，创造出属于湖南人的商业文明。

如此，就有了伍继延事业的第二春。伍继延充分发挥他的社会活动能力，进言于政府，游说于商界。2007年，第一届湘商大会召开，此后湘商网开通，湘商杂志、天下湘商系列电视片相继问世。湘商，这个从未出现在我国商帮文化史上的区域商人组织开始广为人知。而2009年，伍继延率领百名湘商在湖南古城洪江寻祖，更是一种正本清源式的行动。

当时他领头诵读的由他起草的《湘商宣言》振聋发聩："天下湘商秉承湖湘文化所赋予的心忧天下的责任意识、敢为人先的创新精神、经世致用的务实风格、兼容并蓄的开放心态和实事求是的诚信作风，必将以自己的后发赶超向世人昭示——天下湘商的崛起，正在引擎湖湘文化的第三次复兴。"

"十大商帮，都该死去"

不得不说，伍继延是"92派"商人中最具反思与行动能力的健将。2009年，他就在媒体上公开宣称"十大商帮，都该死去"。以他的智商与情商，本不会发出这样会遭同行围剿的口号，谁都明白，现代企业家没一个不喜欢自己被纳入某商帮。

在伍继延看来，传统意义上的商帮是在通讯不发达、交通不方便、法制不健全的历史条件下，依靠地域、血缘自然形成的。那时，全国性市场没有形成，地域性商帮应该兴起。"当代社会环境发生了巨大变化，全国是一个大市场，中国加入WTO后又融入一个更大的市场，这两个大市场是趋向于统一的。因此，传统商帮失去生存的土壤而日渐衰亡。"

商帮当死，商会当立。但伍继延反对那种把商会当权力组织，以营利与弄权为特色的商会。渴望找到组织的伍继延干脆更进一步，他认为商会应是一个非营利性的NGO组织，"不是家庭，不搞任人唯亲或家长制；不是企业，不以营利为目的，更不能谁出钱多就谁说了算；不是政府机构，会长的权力来自会员的认可与拥护，而不是上级的任命，要真正做到全心全意为会员服务"。

"自由的市场经济天然向往平等，商人应该是平等的最大受益者。所以，我们的商会不应该充斥着权钱交易，发散着腐败的气息。"不得不说，对商会伦理与商会价值的反思，中国商界尚无其他人能像伍继延一般系统。

从一家商会的文化发展，进而思考整个中华商业文明的建构，伍继延进行了思想的深耕。他相信，迅速崛起并借鉴普世价值观的湘商文化，一定可以成为中华商业文明重建的重要精神资源。

这个能脱口而出毛泽东的名言的湖湘企业家，并不认为本土文化天下第一，他反对专制，渴望法治，期望发掘出现代商会的另一面价值。在他眼里，商会当然是商人的自治组织，也是和谐社会的建设者。"建设和谐社会的主体是什么？我的理解应该是'小政府，大社会'，政府把一部分管不了、管不好的事，还给社会组织。民间商会刚好可以发挥这个作用。此外，我认为民间商会是民主政治的推动者。民主政治建设一定要有一些抓手，商会章程规定它是民主的商会，其组织形式也是民主的组织形式。这就可能（使）广大会员在商会活动中得到很好的民主训练、学习。"

不要让"靠山"最后成了"火山"

湖湘文化对伍继延而言只是一座富矿，而不是现成宝贝。譬如对湖湘文化中的核心价值——心忧天下、敢为人先，他就有如此的现代演绎：心忧天下，就是不能总是只看远处，不搞基础工作，不能把爱国流于清谈阔论。对于商人来讲，心忧天下，首要是企业必须敢于承担社会责任，为员工、为社会、为环境负责。敢为人先，是指在法治社会，我们凡事要讲规则，处处为先，但要小心、不违法。敢为人先，就是要有"创新能力"。如果在产品的研发与市场的拓展上做到人无我有、人有我强、持续领先，那么这个企业无疑是最具生命力的。

文化自有其延续性，创建一种新的文化，并非扔开传统，而是要做现代性的扬弃。

刚开始，因为对商会提出了很多批评意见，伍继延承受着同行的批评与讥讽。"大家很奇怪，你自己发财了，就要大家这样不搞那样不搞，是你虚伪或者是另有所图？"伍继延说，有的事情多解释无用，"我要求大家的，自己能做到，这就是最好的解释"。而且事实证明，所谓的权力场上的"靠山"最后往往成了"火山"，大家越来越认可王石提倡的不行贿的重要价值。

作为利益至上的商人，伍继延不觉得自己对商人与商会的要求过分，这样反而最大程度地保护了商人的利益。"商人是市场经济的推动者与受益者，而得到良治的商会，则反过来推动市场经济的完善与发展。那些埋头发大财，完全不讲道德、法治，以关系谋取不当利益的人，必将危害市场经济的发展与公民社会的建立。而一个无序、无自由的市场环境，最后竞争是零和或负和的游戏，大家最后都无法掌握自己的命运。"伍继延总是劝身边的朋友"风物长宜放眼量"。

这么多年来，伍继延频繁地出现在各地的商会活动上，并以演讲、发表文章、出版图书等形式呼吁商会的价值重塑。"媒体冠我以社会活动家，我既认同，又不太认同。认同，是因为我现在的主要精力确实放在商会建设上。不完全认同，是因为在我看来，公民社会的建设，是全社会的事情，每一个人都有责任积极行动，四处奔走，而不是旁观。所以在这个意义上说，每个人都是社会活动家，我不是特例。"

推动商会的现代性建设，伍继延乐见其成，他相信未来。"我国现在城市化已超过50%，更多市民的出现使公民社会的建设更有动力，而公民社会更是商会的生存土壤；民营经济半壁江山的地位更突出了商会的价值，越来越多的商人会寻求更具可持续性的组织形态与活动原则；国家在顶层设计上，越来越重视民间组织，也逐步放开社会组织的注册；而具有领先意识的企业家或学者的积极行动，将进一步影响更多商人的选择。"

伍继延喜欢带外地朋友逛岳麓书院，这个千年学府，能给他带来更多文化的自信与反思的灵感。近几年来，他更喜欢与人探讨民国开国元勋宋教仁的命运与其思想价值，那些长眠于蓊郁岳麓山的民国先贤的思想，亦成为他时下理解国运、拨开眼前迷障的重要参考。

他说："写诗就是说人话，应该让一个个汉字活起来。"谈及他烧掉或扔掉的过去的一些诗稿，他说："一点也不后悔，理由当然很简单：它们要么是语言的灰烬，要么与我所期待的语言存在巨大的差距，无非少年轻狂时期的谵言与妄语，空虚、空洞、空泛。"

雷平阳：故乡的"仆役"

文/李军奇

时隔多年，客居云南大理的诗人潘洗尘还记得这样一件事：那时他主编一份诗歌刊物，向一位云南诗人约稿，电话未接通，不久，接到对方短信："我在基诺山上干活，拍蚂蚁。""神人，专门抽时间躲在山上拍蚂蚁，第一次听说。"潘洗尘向笔者追忆时连连赞叹。

见多识广的潘洗尘和这位"神人"第一次相逢，是在纸上。那大约是2005年的事情，"我在哈尔滨，虽不写诗了，但全国的诗歌刊物基本全订着，《澜沧江在云南兰坪县境内的三十七条支流》（下文简称《澜沧江》）就是在一本诗刊上看到的，当时感觉作者的写法另辟蹊径，令人非常震撼"。

1983年，潘洗尘就以一首《六月，我们看海去》声名鹊起，作品曾入选中学语文课本。两次给予潘洗尘震撼的"神人"，是"长得平凡"的雷平阳。"很多诗人，20世纪80年代很牛，90年代陷入平凡。雷平阳却让我另眼相看，他是每隔几年就能出一个经典作品的神人。"

2014年10月23日，云南大理。这座魅力小城的文化名人悉数奔向一场名为"山水课"的书法展览。被潘洗尘赞许为"近20年中国最好的几位诗人之一"的雷平阳，正是这次书法作品展的主人。而潘洗尘，不是以诗刊编者，而是以展览策划人的身份，与老朋友再续诗坛佳话。

从争议到追捧

在朋友眼里，雷平阳，这个喜欢眯着眼笑，笑起来还有那么一点痞气的诗人，不喜与人拉帮结派。他的诗闻名全国之初就引起争议。

"数以百万计的人为一首诗的好坏展开激烈争论。继上周上海、北京等地一拨新锐诗人被搬上8月号的《时尚先生》，一首《澜沧江在云南兰坪县境内的三十七条支流》来势凶猛。不久前，《羊城晚报》和'天涯网站'等媒体对此进行了'全民式'的大讨论。"这段话源自2005年8月10日《东方早报》的一篇报道。

《澜沧江》全诗35行，2005年首发于《天涯》杂志。"澜沧江由维西县向南流入兰坪县北甸乡/向南流1公里，东纳通甸河/又南流

6公里，西纳德庆河……"2005年7月在海南尖峰岭举行的诗会上，《澜沧江》便成了争论的焦点。有人热烈褒扬，学者臧棣认为，《澜沧江》一诗"在它的固执的罗列里，有一种固执得不同寻常的诗意"；《天涯》杂志主编李少君也对该诗予以肯定，他认为，"其独特的个人经验与地域特征结合得精微得当，但同时又有某种大气象。"

但也有人对该诗的价值表示"怀疑"。厦门城市大学中文系教授陈仲义以该诗为例，指出了当今出现的"类型化写作"征候，并严肃地批评了它的"格式化"特性。此诗流传到网上后，立即在更大范围内引发了讨论。不少网友纳闷："这样的诗，还是诗吗？"部分网友对这样的写作表示"伤心"；甚至还有极少数人以"堕落"斥之。

对于那场讨论，雷平阳事后说他"保持了沉默"。一是因为他不会电脑，上不了网；二是因为他也想静静地做一个旁观者，真诚地去聆听一下人们的声音。这是从不惹是生非的雷平阳第一次陷入舆论漩涡。

如同很多20世纪80年代进入大学的自卑而寡言的农家少年一样，雷平阳在校园点燃了文学创作的激情。1985年，雷平阳大学毕业后，被分配到盐津县委做秘书。五年的下乡蹲点、调查，让他在"爬过一座又一座山"中看到自己不想要的生活。

辞职后，雷平阳先后在一家报社、一家企业和两家杂志社供职。2002年，正好是他工作逐步稳定的时候，春天，闲下来的雷平阳花了一个月时间，走遍了金沙江下游的一个个古镇，以及"群峰之上一座座已沦为废墟的地主庄园"。

雷平阳曾和朋友立下宏愿：对云南的几条江和几座神山进行调查，进而为之立传。这年秋天，雷平阳开启澜沧江之行。那趟旅行，"让我得以打开了滇南和滇西的山河画卷，它像一条上帝架设的通往世界之心的伟大走廊"。2002年10月26日，雷平阳从云龙县搭乘一辆夜行货车回到大理古城，风尘未洗，就在酒店的留言信笺上写下了这首《澜沧江》。雷平阳对这首诗的写作颇为看重，他向笔者一再强调："那是凭自己的亲身经历，又借助客观的地理资料，并让这些资料依靠观念而复活，从而写出了这首诗歌。"

那时的雷平阳尝试以"纯净"的语言写作。在与南开大学文学院教授罗振亚的一次对话中，他说："写诗就是说人话，应该让一个个汉字活起来。"谈及他烧掉或扔掉的过去的一些诗稿，他说："一点也不后悔，理由当然很简单：它们要么是语言的灰烬，要么与我所期待的语言存在巨大的差距，无非少年轻狂时期的谵言与妄语，空虚、空洞、空泛。"

注重细节，使得雷平阳迥异于那些泛泛的以强调所谓"地方性"为标志的诗人。云南的山河进入雷平阳的笔下，或葳蕤雄奇，或神秘蜿蜒。雷平阳告诉媒体："我写云南的一个原因是，以前强调人们开天辟地、改造世界的能力，云南是一个泛神论的地方，但知道敬畏的诗人很少。我们要维护自然的秩序，让我们有道德、有标准、有秩序。"

雷平阳的"深耕"得到了文学界的肯定，他先后获得第二届华文青年诗歌奖、第三届"茅台杯"人民文学诗歌奖、中国青年作家批评家论坛"2006年度青年作家"奖、第五届华语文学传媒"2006年度诗人"奖、鲁迅文学奖等奖项。

如寓言般的生活

"平阳的话很少，但说起话，非常有魅力。"潘洗尘提及雷平阳的讲述能力，赞不绝口。"他不讲什么技巧，大都是自己经历的，譬如说云南，很多人不就是转述书本上的云南吗？平阳不，他讲的是自己碰到的人或事。"

2013年冬天，一个北京的朋友到大理，潘洗尘、雷平阳作陪。作为土著的雷平阳，当然成为场上讲故事的主角，譬如他讲起这样的事情——一次，他去西双版纳采风，请了一群当地的向导和翻译。山路起伏，走了一段后，有人说自己的老相好住在附近，要去探望一下。继续走，又有人叫嚷口渴，就独自一人下山喝酒去了。到了山上，他们遇见了一群猎人，然后又有几个向导"乐癫癫地跟着猎人们一起瞧热闹去了"。最后身边只剩下一个年轻的翻译，浩浩荡荡的队伍不到终点就变成了孤单的二人行。

最令雷平阳意想不到的情况发生了。两人经过一个村寨时，一个姑娘从一大堆晾晒的衣服里露出了头，翻译看见了，立马石化了，决定留下来，直到那个姑娘嫁给他。任凭雷平阳苦口婆心地劝说，翻译始终摆出"我自岿然不动"的姿态。雷平阳哭笑不得，整个队伍未到终点，就只有他一个人了。

类似这样如寓言般的故事，任谁听了都会着迷。北京的朋友就此喜欢上这个看上去不善言辞的诗人。2014年潘洗尘创办的"天问诗歌艺术节"启幕前，这位朋友听说雷平阳也会到场，兴奋地告诉潘洗尘，要再来大理听雷平阳讲故事。

这种满是细节、看似诡异的故事，在雷平阳看来稀松平常。"我的老家昭通不仅每个村庄都有一本行进中的《聊斋志异》，而且现实生活中也总是房屋与坟墓混在一起，没有边界。"那儿的人们在讲述某些事件的时候，也总是将死人与活人放在一起，"分不清谁死了谁还活着"。

譬如他父亲住院的故事。雷平阳的父亲在去世之前生过一场大病，住院手术时，一大群乡下的亲戚闻讯赶来，站满了医院的走廊。见此阵势，他父亲吓坏了，以为亲戚都是来"送"他的，死神找到他了。所以，"在上手术台之前的那个晚上，他惊恐万分，脸色煞白，双手颤抖得连衣扣都扣不上"。可在次日早上，他父亲忽然镇定自若，郑重地将雷平阳叫至床边。父亲历数了村里他一生所见的人死的情状，"听得我惊心动魄，而他则从这些死亡案例中获取了面对死亡时的那份从容与坦荡，似乎还夹杂了'我见过了那么多的死，我的死又何惧'的潜在意识"。

云南昭通市欧家营是雷平阳的出生地。1980年，雷平阳"阴差阳错"地考上了高中。20世纪70年代末，国家恢复了中考和高考。学校的教育走上了正轨，但雷平阳说他的心还是野的。他的心不在课堂上，而在围墙外的田野中。一有空，他就会跑到学校外，躺在坟堆上晒太阳。老师发下来的课本，他一本也没有兴趣看，只爱读或者背诵一本叫《汉语成语小辞典》的书。因此，"每次写作文，总是文白夹杂，乐此不疲地堆砌辞藻"。

除此之外，雷平阳喜欢抄山歌。他的同学来自昭通的各个乡镇，每个人都会唱几首山歌，雷平阳就把山歌一一地抄下来。"月亮出来月亮黄，照个石头像我郎。抱着石头亲个嘴，想着想着笑断肠。"类似的情歌，雷平阳回忆说，让他发现了"身体中躲着的那些春天的野兽"。

但真正让雷平阳陷入诗歌之网的，不是它们，是民间唱本，《蟒蛇记》《柳荫记》和《说唐》之类。那是跟村里几个拉二胡唱书的老人学的。

对志怪传统和民间唱本的了解、学习，也许就这样成就了雷平阳非同一般的叙事魅力。

"书法像高超的医生"

雷平阳以诗人、散文家的身份为公众所知，而他在书法上的成就让他的朋友们大为推崇。读高中时，雷平阳就开始练习书法。据朋友回忆，当时的语文老师经常在课堂上"表扬他的书法，批评他的作文"。

2014年国庆长假，雷平阳应潘洗尘之邀，偕妻儿前往大理小住。他的诗人朋友李亚伟、树才已等着他来品茶喝酒。在潘洗尘主办的天问读诗书院，雷平阳像以往一样，在聊天的空隙，提起身旁的毛笔抄写起朋友的诗歌。

潘洗尘看着写得兴起的雷平阳，突发奇想：给平阳办个书法展吧！这个动议马上得到了在场和不在场的朋友的支持。于是国庆的假期成了雷平阳的加班日。"每天早上8点，我们还在睡，雷平阳就开始挥毫写字了。早上连续写两个小时，清晨寂静，他的字沉静有势；晚上喝酒归来，雷平阳继续写，字带酒气，刚劲有力。"诗人树才说，这个"劳模"连写5天，写出了100多幅字，有王维和白居易等古代文人的诗篇，也有朋友的诗句，"还有他多年攒在肚子里的好句子"。雷平阳精心挑选，选出40多幅作为展出作品。

雷平阳认为，好的书法，唯一的标准，是每个汉字都有生命。"我感觉山水是我的老师，是我的神明，它们一直给我上课。这次展览，是我以书法的名义向山水致敬。"

当然，这不是雷平阳第一次举办书法展览。著名文学评论家谢有顺对书法研习颇有心得，他认为雷平阳的书法有"山野气"和"书卷气"，"他的笔之所至，隐隐的，总觉得是在挥洒一种性情，内有热烈的东西，也有一种寂寥之感，只是，他的热烈和寂寥都是节制的、引而不发的，这就形成了他的书法作品中那种独特的隐忍之美"。

著名作家王祥夫也盛赞雷平阳的书法"更好在不做态""书法之大忌在于做态，须知'天真烂漫'要在法度之间才好看，如无法度便不可看。平阳书法用笔力度把握亦好，说到书法，笔弱则奇怪生焉。平阳用笔是爽利生风而不是亭亭静静。"

"有一次，他和阿来、谢有顺去安康，途经西安，我们见面、喝茶，说有趣的话，也谈论书法。我才知道，他在写字，而且在文学界书名很盛了。那天，在我的书房，有顺鼓动他当众写一幅，他的表情有点怯，提起笔来却有大将风度，笔法沉着，腕力沛然，写的'正身率物'四字，有碑意，也率性恣肆，文人气息浓厚。他的字奇而正，不像其他一些文人，不受约束，不尊先贤，任意而为，纸面上就难免有滑俗的意味。"

著名作家贾平凹在一篇文章中谈及雷平阳的书法，很是赞许，就连雷平阳写在茶饼包装纸上的手札，他也是满心欢喜，"每寄一种茶，都会用毛笔在民间土纸上写几段话附上，说明这茶出自哪座山，哪个作坊，采自何时，系何人所制。我平时是很喜欢读这些便签、手札的，它最能见出一个人的性情和旨趣"。贾平凹眼高，很多书法家之字也难入他法眼，但他对雷平阳的字格外欣赏，"最可贵的一点，就是有拙正、庄重的味道，所以在他的笔端，常见方笔，他的笔是定得住的，意到，笔才到，入了一种境界"。

来自书法名家的赞誉也不绝于耳。雷平阳声称自己从来不临帖，这让著名书法家于明诠有点吃惊。在他的观念中，临帖是学书法的不二法门，但看了雷平阳的书法后，他释然了。作为一名优秀的诗人，"在众多学书者的队伍里自有其不'一般'的灵性与禀赋，学书的方法也就有一点'不一般'了。不临，怎么学呢？读，看，揣摩，体悟，等等"。"虽然不临，但绝不是不学。他迷恋颜鲁公《祭侄稿》、苏东坡《寒食帖》及徐渭、王铎、傅山等，朝夕摩挲，以手划空，如痴如醉。"他说雷平阳是以写诗的方法、以诗歌思维横超直入顿悟式地"写"书法。

著名书法家王冬龄的评价更是诗意磅礴：雷平阳的书法，自由、随意、服从于心，每一个字都是鲜活的，都有生命，但我在其字的背后，仍然看到了魏碑、魏墓志和汉碑风骨。他的字其实就像是一个个微醺的诗人。"这微醺的状态就是他书法的状态。"

雷平阳喜酒，而"酒"字入他的书法，亦是常见。李亚伟至今唯一收藏的一幅雷平阳的书法，也是雷平阳抄写李亚伟一篇酒气淋漓的诗作——《酒中的窗户》"……山外的酒杯已经变小/我看到大雁裁剪了天空/酒与瞌睡又连成一片/上面有人行驶着白帆"。

安魂与走出

与诗歌圈中人往来多年，潘洗尘深知这个江湖的水有多深，"像平阳这样诗品和人品俱佳的诗人太少了，我敢说他是诗坛扶老挈幼的人"。

自20世纪80年代起，中国诗坛门派林立，几乎稍有成就的诗人都倾向于拍死长江前浪，树自己的大旗。"雷平阳从80年代走过，但他没有这些习性。对老一辈好的诗人，他始终敬重。没听说他人前背后讲过他们的坏话；对年轻诗人，他向来乐于提携。一次我编辑青年诗人特辑，他一下就给我推荐了18位优秀的诗人。你别看他眼睛小，但看得准。"

即使点头之交，雷平阳亦是笑眯眯地与其相处。如果恰巧诗歌美学比较接近，私交就更好一些。哪怕两个仇人，他跟双方也可能处得不错。雷平阳说："关键是你无论对谁，都要真诚。"

"一个始终襟怀坦荡、天真无邪、快意恩仇的人，我不相信他的身边有邪灵"这句他写给朋友的话，也可用在他的身上。

雷平阳的妻子陈黎描述丈夫，格外锐利，"他就是一个身体里面装满了沙子的人"，"每一颗都很干净、很纯洁"，但也是有分量的，"这些沙子融入了他的身体，成就了他的生命意义，而他乐于接受这份责任，他觉得这是他活着的意义"。

2008年5月12日，汶川大地震。身处滇南一隅的雷平阳初闻噩耗，心情沉重。不久，共青团云南省委邀请雷平阳为这次大地震作诗祈祷。很少写朗诵诗的雷平阳立即允诺。曾亲历丽江、普洱地震的雷平阳说，作诗之初，他曾花了好长一段时间，让自己的内心平静。

一天，雷平阳的好友听说他要写悼念大地震死难者的诗，跑来要给他提供素材，不料当着他的面恸哭了两个小时，"自始至终，只字未提素材之事"。雷平阳努力让自己不哭，提起笔却无从落笔，他在寻找灵感和情绪的爆发点。在某个凌晨的3点，他的笔终于写下了"安魂曲"，接下来，压抑了太久的情感沿裂隙喷发。天微亮，《安魂曲》以"从天堂回家的路/最后一站，它的学名叫四川，小名叫天府"戛然而止。

人类的悲伤没有句号。2014年8月3日，云南鲁甸强震。故乡的灾情让雷平阳震惊。忙完鲁迅文学奖评选，8月12日，雷平阳赶回昆明；8月13日一大早，雷平阳就赶到鲁甸龙头山。他和朋友一起前往灾区，察看灾情。他目睹灾难的惨烈程度，"远远超出了屏幕信息和我的想象。灾区的两个晚上，我无法入睡"。他想尽自己的绵薄之力——除了用文章《让我们默哀吧》来告慰故乡亲人外，他还想发动自己的朋友，征集他们的作品，义卖赈灾。

从不用微信的雷平阳在10岁儿子雷皓程的帮助下，开通了自己的微信。不定时图文播报征集到的名家书法作品成为他刷微信的习惯。"今晚由中航云玺公司举办的鲁甸赈灾艺术品拍卖活动，我这幅抄写苍雪大和尚诗歌的书法拍了17 000元人民币。如果还有类似活动，我还会去参加，无论拍卖价格多少，只想尽尽自己的心力！"这是雷平阳8月30日发出的一条微信。

很少有人看到雷平阳金刚怒目的样子。和雷平阳交往多年，潘洗尘知道雷平阳有个不能触碰的底线，那就是不能"反自然"。

"他是一个随和的人，但一个对自然不给予充分尊重的人，一个对自然灵性没有敬畏的人，是不可能成为他的朋友的。"

2003年，一个摄影师在昆明做影展。镜头下全是云南边寨的儿童。摄影师辗转找到雷平阳，请他去，同时希望雷平阳写篇文章"吹吹他"。碍于情面，雷平阳去了，但看了不到三分之一，掉头就走。摄影师来电话催文章，雷平阳直接告诉他："你的摄影作品让我非常恶心。"理由如下：第一，他冒充了上帝；第二，他可以是个慈善家，但不具备艺术工作者的素质；第三，他与乡村生活隔着一堵墙……雷平阳还告诉他："30年前，我亦是那些孩子中的一个，贫穷固然让我痛彻心脾，但快乐也让我成了一个小神仙。如果艺术成为方法论，你所用的'艺术'是虚假的、伪善的，和我搭的不是一辆车，用的不是一本字典。"

雷平阳那时真的怒了："如果，每一个孩子的双手，都在向天空挥舞，想抓住上帝；如果，每一个孩子的眼睛都是空的；如果，每个孩子的肉体都是肮脏的……你相信吗？"雷平阳说，那是他第一次对着一个艺术家爆出粗口："你这个杂种！"

电脑的出现和时代的原因，让书法离我们的生活越来越远。但雷平阳坚持不用电脑，他认为文人还是应该有一点古代士大夫的情怀，"现在很多书家没有文人的修养，而文人也大部分没有书法的训练。比如你去书画装裱店，到处都是'难得糊涂''天道酬勤''淡泊明志'这样的条幅，实际上却一点也不糊涂，一点也不淡泊，充满了商业气"。

一次，朋友嘱咐雷平阳抄写《列子·周穆王》。雷平阳看到有仆役说"人生百年，昼夜各分。吾昼为仆虏，苦则苦矣；夜为人君，其乐无比。何所怨哉？"，心有所动，他转换表达，以"昼为仆役，夜是国王"句，发于微博，表明心迹。有朋友赞叹，这是一种伟大的生活——不被世俗杂事迟滞脚步朦胧双眼，人生应该快乐地享受梦想的澄明高洁。

在雷平阳看来，生活有三种境界：一种是"春风得意马蹄疾，一日看尽长安花"，一种是"河山天眼里，世界法身中"，而境界最高的一种是"老僧笑指风涛险，坐看江山不出门"。而云南的大山大河，能让他感受到"老僧"笑谈的禅意。

不过，他是不会"坐看"的，他喜欢"出门"。走过澜沧江、基诺山后的雷平阳说："不久的将来，我要写一部关于乌蒙山的书。"

现在进入身份模糊时代，读者有时候比编辑更在行。在
网络平台上不要耍小聪明，编夸张的悲情故事，晒情怀、晒悲
壮。

《读库》张立宪：以互联网思维做出版

文/原业伟

张立宪毕业于人大新闻系。2005年，36岁的他已经历过新闻出版
的各个形态，报社、杂志社、网站、出版社，左右逢源，永远有接
不完的订单、挣不完的钱，但都是别人挑选自己。他称自己这时的
心情为"焦裕禄"——焦虑、忧郁、忙碌，对自己拥有的所有东西
产生了怀疑，所得即所失。他清空自己的思路，明确了自己最应该
做、最想做的事，下决心要做一套符合理想的书。

《读库》的诞生，正是针对传统出版业的弊端。在传统的出
版体制内，责任编辑没有责任，也没有权力。一本书做好了大家都
来抢功，做坏了则互相推诿。封面设计、用纸，都有可能受到掣肘

而不能尽善尽美，编辑总有理由为自己开脱。张立宪做《读库》的初衷，是要实现做书的最高理想，做一部可以养老的书，30年、50年后仍然在销售，退休时还可以带来利润。而要达到这个理想，就不能在做书的过程中计算时间，而应该打磨完美后再与读者见面。他认为，直达、开放、活态是互联网思维的精髓。《读库》的编辑方向是活态的，读者和编辑互相激发；选题上让数万读者开放参与；营销上追求直达读者；内容制作上不遗余力、不计成本、不留遗憾，追求极致完美的产品形态。这些正是《读库》特立独行的关键。

蓝图设计：开放的编辑思路

很多人说《读库》是理想主义，张立宪认为，理想主义一定要有完成度，不能好高骛远，虎头蛇尾。在创业之初，他对自己的商业模式就已有清晰的规划。他自述："在回北京的大巴上想到要做这套书，用几天时间就设定了清晰的蓝图，包括出版形式、经营模式等。现在《读库》的基本形式就是当初设想的。"从作品篇幅上看，张立宪将《读库》设定为中篇读本：1万～5万字，非虚构、非学术的内容。这个设计理念有得天独厚的优势，篇幅适合现代人阅读，比报刊文章更深入，但做单行本分量不够，报刊上又因为太长不便刊发。因此《读库》平台出现后，有很多在《读库》出现前就已经写好但无处投递的稿子都被吸纳过来，可见这是一片内容的蓝海。

《读库》的选题设计则充分体现了"开放"的原则。在设计蓝图阶段，张立宪就将策划《读库》的想法、《读库》的编辑出版进度等在博客上"全程直播"，搭建起即时互动交流平台，随后就不断有网友留言支招儿。来自民间的大量选题充实了《读库》的储备，也带给编辑意外的惊喜。由于网络平台是开放的系统，读者互动频繁，开始的几年，《读库》貌似只有张立宪一个编辑，背后却是无数读者都在为《读库》的选题出谋划策。"用户即员工"，读者义务发展下线，提供选题，义务推广。如今《读库》拥有全职的编务人员三四个，也拥有自己的设计师，但其编辑团队的搭建更多凭借开放性的小班底。张立宪为每个项目都成立三五个人的流动人才团队，荟萃业内最优秀的创作力量。开放的平台让更多优秀的选题和编辑人才进入张立宪的视野中。

开放的选题模式，让《读库》文章风格多元，有的是无名的作者之作，如"小九"这样的底层人物；有的非常专业，如"建筑史诗"系列里的《万神殿堂》，讲古罗马的建筑；再如德国司法案例系列文章，艰深到很多审校老师读着都想哭。有的读者嫌内容太过艰深，或作者尚不知名。张立宪并不迎合每个读者的意见，他认为："报刊对读者的迎合更多一些，更'势利眼'；而书应该让读者阅读应知而未知的东西，得到意外，唤醒甚至制造读者的阅读需求，有一定的强迫性。"

《读库》的产品形态设计，充分照顾了发行的便利，同时为互联网销售预留了空间。张立宪介绍："《读库》是定期出版的连续出版物，而又并非刊物。好处是有较长的销售周期，没有人会买一本3年前的旧刊物，但会买一部3年前的旧书；而又能够长期占据新华书店的书架位置，不会因为陈旧而下架，普通图书在地面店两三个月下架。封面设计一致，只有编号区别，便于读者识别。后来，有人建议将《读库》变成期刊，我不善于拉广告，所以不愿意做成期刊。《读库》应该有书的品质、书的质地，而不是在杂志世界中竞争。"

极致的产品质量：三不原则

互联网产品追求质量的极致，在内容制作和装帧设计方面，张立宪的标准极为严格。《读库》的选稿标准是"有趣、有料、有种"，约稿原则是"不遗余力、不计成本、不留遗憾"。在编辑《城南旧事》时，张立宪找到了3种不同版本，逐字逐句查找分歧，任何一处修改都详细追究其理由，并且找了北京古建方面的专家王南等学者专门做了《〈城南旧事〉名物考》，作为该书的补充。从时间上，郭德纲、周云蓬的人物专访这样的大稿子，需要半年的时间筹备，采访3个月、写作3个月，用他的话说："要采访他对你说的话，要记录他说话时的样子，要记录他不说话时的样子，也要记录他做的事，还要记录他的朋友说的话，这样人物才能立起来。"

关于图书的编辑，张立宪曾经说过："对某稿或某处决定不改，这同样是一种编辑能力。"他认为，编辑不要滥用自己的权力。很多编辑"为改而改"，为了显示他编过，而做一些不必要的改动。有时《读库》的编辑一开始会改，可改到一定程度，会忽然发现这是作者的特点，就赶快往前找，恢复过来。例如《读库1205》的《父亲在工地》，在编辑到2/3的时候，编辑发现这篇文章几乎没有引号，后来再出现引号的时候，就把引号去掉，让整篇文章都不出现引号。这篇文章在三审三校的过程中，有的编校老师给一些专用名词、引用的歌词加上引号，张立宪又把这些引号悄悄去掉了。他喜欢作风明快的编辑，这些编辑不纠缠，不纠结，具有"节克理"的风格：节制、克制、理智。

在装帧设计上，《读库》"奉行极简主义"，一方面"摁住美编表达的欲望"，另一方面"屡屡惊动北京印刷高手"，因为《读库》在数百种纸张中选择用纸。张立宪认为："在用工用料的时候，千万不要为了省钱，做非常勉强的选择。确定了用哪一类纸，就要选这一类里面最贵的那种。一分钱一分货，这方面真的骗不了人。不要为了省30%的成本，而牺牲3%的品质。"在他看来，出版业高度工业化，任何环节都有技术标准，没有很大的随意性，有基本的审美共识。做图书首先应该了解规矩，按照规矩办事。自己的《读库》和系列图书，以国际水平衡量，仅仅达到了及格标准。

互联网营销：直达读者的销售模式

从网络书店销售，到部分直销，再到全直销尝试，这三步是《读库》营销的进化，其对全直销模式的探索尤为令人耳目一新。张立宪回忆说，《读库》创刊时已经看到了网络的力量，先找到当当网谈合作，当当网要货5 000本，他心里一下有了底。当时网店大约占图书市场的10%，网店能立住脚，实体书店就好做了。看来《读库》天生就有适合网络行销的"互联网基因"。

从2008年至今，《读库》在网店的销售量一路攀升。目前《读库》已销售4万册，网店占60%～70%，其中直销所占比重越来越大，目前约占全部销售的1/4。这是《读库》迥异于其他出版物的特色。张立宪介绍，开始他们销售《读库》时并不重视做直销，想给发行商当当网、亚马逊以信心，就像可口可乐公司不能代替超市卖饮料。之所以开天猫旗舰店、做直销，一是因为读者"倒逼"，适应大时代潮流；二是因为"搜"时代到来，销售出口越单一越好，如果搜索"读库"，搜索引擎出现十几页销售出口，读者就会无所适从；三是因为在我国商业伦理不规范的时候，第三方销售意味着必须经过销售商的盘剥。

一番尝试之后，张立宪已经尝到了直销的甜头：第一，不打折，本质上就是将预留给第三方销售商的利润，直接释放到做书的成本中，让图书的品质上升。第二，产品没有损耗，直接从库房发到读者手中。第三，库存所见即所得，一旦售罄马上安排加印。第四，不打折还避免了价格战的恶性竞争，价格战让书的名声很差，读者永远在等打折。明码标价，不给网店销售留水分，不搞虚高定价的把戏。第五，直销打造了适合现代人的商业环境。

张立宪预测，以后传统出版社与《读库》团队的差距会越来越大，这是营销模式的胜利。他具体分析说，传统模式5 000本书只需要发15～50家店即可；而直销模式5 000本书就发5 000个订单，打5 000个包，发到5 000个读者手中，仓库有十几个员工负责，每小时处理订单2 000个，这种能力一般出版社都不具备。即使是快递公司，很多也无法提供如此优质快捷的配送服务。

《读库》创新的营销模式，为打造极致的产品形态提供了支持。

从成本结构来看，出版社给批发商的折扣以六折计，加上损耗，至多能回收五折，包括10%的版税、20%的印刷成本、20%的管理成本。而一本书的物理成本通常不超过书价的20%，覆盖了用纸、用料、装订、印刷。这种成本结构和发行模式造成图书利润极其微薄，书的物理形态敷衍潦草。《读库》团队的做法是，通过直销渠道的支撑，把图书的实际回款提高到七折。以新书《我的一生》为例，该书做了一个书盒，成本是5元，如果放在第三方销售，定价就会放大15～20元。图书的品质上升，也让利给读者，让读者拿到性价比更高的书。

直达读者的销售模式还让《读库》直销店帮助一些小众化的图书找到了"知音"，取得了意想不到的市场效果。2012年，《读库》团队为河南年轻诗人海桑的诗集《我是你流浪过的地方》做了在自营网店直销的试验。张立宪判断，这部诗集如果在电商平台或者地面店销售，会很快被埋没。而在《读库》自建平台上，累计销售了12 000本。虽然《读库》直销店没有当当网和亚马逊的客流量大，但对符合《读库》品质特征的单品图书，能起到强调作用，销售周期也更长。《读库》平台聚拢了一群同质的读者，这坚定了《读库》团队走全直销道路的信心。

目前《读库》尚未实现全部直销，在电商和传统平台上还有销售，因为很多读者习惯了这些平台。而对新的品种，尤其是相对小众的品种，就采取全直销方式。《城南旧事》一书预期销售好，而且版税压力大，张立宪坚持在《读库》自营店直销，2013年销售了15 000本。而去年出版的《永玉六记》，依旧供应当当网等网店，因为考虑到该书有不少的大众读者。《我的一生：梅厄夫人自传》刚出版两个月，就销售了5 000本，很快安排了加印，该书刚刚出版1个月左右，张立宪就给所有的粉丝发了语音微信，通报了《我的一生》的编校情况和销售势头，有效地与读者沟通，从而促进了销售。

活态的营销模式

张立宪不喜欢"粉丝营销"这个说法，他不希望用功利的夸张手法吸引粉丝，主张顺其自然。"我们把书做好，等待您来发现"，是《读库》淘宝店的标语。《读库》的微信微博，很少用无效信息打扰读者，因此粉丝不算多，但互动率较高。张立宪认为，现在进入身份模糊时代，读者有时候比编辑更在行，在网络平台上不要耍小聪明，编夸张的悲情故事，晒情怀、晒悲壮。《读库》并不以"有奖关注""转发抽奖"等方式推广，张立宪认为，"一个好的品牌一定是骄傲的，一个好品牌的用户也一定是骄傲的。"为了占小便宜而来关注的读者，也不是好读者。

张立宪对优质读者有自己的定义："这个时代还花钱买书、花时间看书的人，这样的一个特征，足以抵消他的学历、职务等其他标签。"为了不打击发行商的积极性，《读库》直销时不打折，而第三方网店则打折销售。但很多读者并不在乎价格优惠与否，在年初将全部书款付清，只等收货。这些对价格并不敏感的用户，恰恰是《读库》最优质的用户。他认为，图书是最伟大的商业，只有买书，顾客花了钱还会向你说"谢谢"，具有高情感附加值。

但张立宪现在还认为《读库》和读者融合度、互动的丰富性不够，还没有将最先进、最便利的手段用好用足。他计划绕开中间商进行垂直销售；逐步将发行权从一些大型电商手里收回来，再走出去，走向书店、咖啡馆、百货公司，甚至走到个人家里。张立宪构思了新的营销模式，拟将咖啡馆等公共场所设计为图书的体验店，比如读者在雕刻时光咖啡馆看到一本《读库》的产品，印有二维码。只要扫描二维码，就能通过手机下单，书会直接送到读者家中，读者第二天就可以拿到书。后台识别订单来自雕刻时光，可以返点给雕刻时光。体验店起到橱窗的作用，但没有库存和资金压力。

在张立宪看来，图书还可以通过大V的自媒体平台销售。如某影星通过微博推荐《读库》，目前可能只是出于友情，但很多大V已经开了淘宝店，以后会有商业诉求，一旦《读库》与其达成绑定账号协议，以后如有读者因其推荐购买了《读库》，该大V便可获得佣金。将来无论大V还是小V，都可以获取一段链接，成为《读库》的推广人。

在图书之外，《读库》团队还开发了很多衍生产品，如明信片、年画、笔记本、书袋、卡片包、零钱包，并取得了出人意料的市场影响。张立宪认为，出版社只做书，不符合开放活态的时代。如《丰子恺画册》在西方销售，可与丰子恺主题的笔记本、书签、明信片、书包、茶杯搭配，以"丰子恺"为题设置专区；在中国的书店只会和齐白石、张大千的画册放在一起销售，以绘画为主题设置专区。这是思维的局限性。

《读库》已经创立9年，只有一二百个品种，但所有品种都在销售。被业界誉为"以互联网思维做出版的第一人"，张立宪也有看上去不那么"互联网"的一面——他要求《读库》招聘的新员工先要去仓库实习一段时间，熟悉客服、物流、配送。但或许正是Online与Offline的这种无缝衔接才是《读库》在一个传统行业里走出一条新路的关键。

出版人要转变观念，兼容并包。

管士光：编辑是我一生的选择

文/原业伟

　　对于大多数人来说，一份具体的工作和职位可能是短暂的，而对于深耕30年文学沃土的人民文学出版社社长管士光来说，编辑却是其一生的选择。

　　我们一步步登上了朝内大街166号的台阶，进入人民文学出版社（下文简称"人文社"）所在的这座1958年建成的灰楼，仿佛走进了时光隧道。单薄的木质窗栏、失修的楼梯、陈旧的水池，触目皆是。这里就是新中国文学的神圣殿堂，北京的文化地标。新中国的文学出版事业正是从这里开始的。后楼建设的时候，还是青年作家的冯骥才曾搬砖添瓦，路遥、张洁、李国文等一批作家都曾住在这里改稿子。在这里，我们访问了人文社社长管士光。

管士光30年的文学编辑成长之路，与人文社这家历史悠久的老牌出版社的发展同步。管士光是山东梁山人，出身军伍，为人爽朗大气。1978年他赶上了恢复高考的第一次招生，进入中国人民大学中文系古典文献专业学习。这一年入学的学生具有强烈的求知欲，日后也撑起了中国文学黄金一代的发展。

研究生毕业后，由于具备在军队中入党的优势，管士光在职业选择时拥有很多机会，可以选择国家机关、留校或者媒体。他不愿选择略显封闭的书斋生活，也不愿进入人事关系复杂的机关，最终选择了出版工作。管士光认为这份工作适合自己的性格，有利于自己的文化积累；人文社与专业相关，又并非纯研究机构；出版与社会联系密切，但又有浓厚的学术氛围，有充裕的时间读书、写作。于是，1985年他进入人文社，开始了30年的编辑生涯。

管士光在基层磨炼了十多年，直到1996年才担任编辑部副主任的职务。这时人文社人才众多，评职称困难。在市场经济前期，出版节奏缓慢，铅字排版动辄全盘重排，有时一位责编一年只能出一本书，这磨炼了管士光的编辑素养。管士光将这段时期称为自己的"积累期"，他发表了古典文学研究专著20余部以及大量专业论文，成为唐代文学领域的专家。

1999年，聂震宁从广西调入北京，成为人文社社长。为组建新领导班子，社里开展民意测验，管士光遥遥领先。3月24日，管士光担任人文社副总编辑，负责古典文学出版，他是该社改革开放后第一批引进人才中最早进入领导层的人。他有深厚的编辑基础，又了解社里情况，2002年即升任总编辑，主管全社选题；2012年升任社长，成为继冯雪峰、巴人、韦君宜、聂震宁、刘玉山、潘凯雄之后，这座文学殿堂的又一位掌门人。这位古典文学学者出身的出版人，如何让这座古老的文学殿堂焕发青春呢？

朝内166号，将大楼做成品牌

谈到朝内166号这座大楼，管士光介绍，人文社成立于1951年3月28日，当时周恩来总理亲点老革命家冯雪峰担任人文社社长。1958年这座苏式风格的建筑成了人文社大楼。人文社和人民出版社、三联书店都曾在此办公，现在人民出版社、三联书店都已经搬离，这座旧楼也到了该翻新的时候。这座看似古旧的大楼，处处留下了新文学的印记。

朝内166号甚至成了人文社的品牌。人文社现代文学编辑室主任王培元写了《永远的朝内166号：与前辈魂灵相遇》一书；2012年，人文社出版了"朝内166人文文库"；2013年这里启动了"朝内166文学公益讲座"，持续至今，共组织了15次，"张庆善讲解《红楼梦》"就是其中之一。

2015年11月22日，北京风雪交加，朝内166号的会议室却温暖如春。140余位中外读者聚集在这里，聆听中国红楼梦学会会长张庆善讲解《红楼梦》。2015年是曹雪芹诞辰300周年，这是人文社策划的红学系列活动。11月11日，是红学出版座谈会，李希凡、张庆善等国内享有盛誉的红学家蹒跚爬上人文社4楼，为数十年的红学研究做一个总结。当年的"小人物"李希凡也已经垂垂老矣，有50年没有登上人文社这座楼，他自述感觉膝盖部位有些吃力；11月21日，读者与红学家在小雨中同游大观园。

在2013年首次"朝内166文学公益讲座"上，管士光强调："人民文学出版社虽是一个出版机构，但同时也是文学机构。人文社决定面向公众，开办文学公益系列讲座，邀请国内最好的专家，讲解古今中外最好的作家和作品。"3年来，公益讲座邀请了社科院文学研究所所长陆建德讲菲茨杰拉德和《了不起的盖茨比》、作家陈丹晨讲巴金、茅盾文学奖得主周大新讲述《曲终人在》等。

管士光向记者介绍："我们举办纯公益讲座，每次都有百余人参加，不仅不收费，而且还搞抽奖赠书。给听众发听课证，留下听众联络信息，人文社定期发送讲座信息、新书信息，广泛传播。人文社楼下就有书店，读者会采购相关图书，感兴趣的读者不断增加。出版人也是文学工作者。我们希望将公益与营销活动结合起来，找到目标读者。"

作为一家出版机构，现在人文社一年出版上千种书，仅新书就有400~500种。该社成立60周年时编写了总书目，共计13 000多种，发行达8亿多册。目前的动销品种有4 000~5 000种。管士光分析，虽然人们的阅读口味日趋多元，但文学书总是人们最喜欢购买的书。甚至2015年"双十一"图书电商销售排行榜，文学类仍然排名第一。

曾经有调查显示，死活读不下的书排行榜，《红楼梦》排名第一，但人文社《红楼梦》仍然销售1 000多万套。其中，由冯其庸、李希凡领衔注释的经典版本《红楼梦》30多年来已经销售460万套，成为最畅销的版本。在新时期，人文社面临巨大的市场机遇。公版书是人文社的优势资源，人文社的古典文学丛书起步最早，培养了几代古典文学爱好者。在新时代，只有加紧营销，才能找到新读者。管士光重视纸媒也重视新媒体，他认为："微信读者是固定的，可以实现精准营销。"在新媒体营销方面，人文社的微信号多次位居出版社类微信号影响力排行榜第一位。

维护高雅品牌，发展新锐作家

版权是人文社一笔重要的资源。管士光认为，要充分利用既有资源，也要为后人留下新资源。有继承也要有创新，新作品应该尽力打造为经典。人文社重印图书占比达61%，经典图书《围城》至今每年销售55万册。重印书成本低，制作相对简单，有很大的优势。《白鹿原》《尘埃落定》这些新时代的作品为该社带来丰厚收入，也成为经典之作。

管士光告诉我们，人民文学出版社有尊重作家的优良传统。编辑和作者保持平等的友好关系，作者认准人文社的品牌；人文社尊重作家权益，版税、印数严格按照有关规定，成功地出版并营销他们的图书，还积极帮助作家作品销售到海外，这是作者最需要的。冯骥才这样写道："我是人民文学出版社培养起来的作者。我把人文社当作自己的母校。数年前，我是拿着一大包粗糙的、不像样的稿子走进朝内大街166号的。那时，我连修改稿子的符号和规范都不知道，是老作家和编辑们一点点教会我的。他们把心血灌在我笔管的胶囊内，让我从社里走出来时，手里拿着几本散着纸和油墨芳香的书。"

管士光举了知名作家贾平凹的例子。贾平凹的作品《古炉》《带灯》和《老生》都是人文社出版的，编辑和他不仅是工作关系，更是朋友。2013年《带灯》刚出版之时，《老生》也已完稿。但人文社的编辑告诉贾平凹，不必着急发表。因为《带灯》刚发行，要给读者留一点时间，也为图书宣传营销留一点空间，甚至将来《老生》是否在人文社出版都是未知，但为了有更多读者，这是最好的营销策略。这完全是站在作者的立场考虑。一年以后，大多数读者已经读完了《带灯》，《老生》才出版，果然取得了较好的销售业绩，也在作者心中留下了深刻的印象。

　　管士光很重视维护人文社重版书的资源，尊重做出贡献的老作家、老编辑，每年都去冯其庸、杨绛等老作家家中拜访，询问他们的需求，挖掘新作品。2004年《杨绛文集》由人文社出版，后来又多次再版；2014年，杨绛新作《洗澡之后》出版后，人文社展开了丰富的营销活动，形成了社会热点话题。2015年，杨绛将她珍藏多年的《复堂师友手札菁华》交由人文社出版。

　　管士光认识到老牌出版社也面临着危机，出版社品牌固然重要，但作者也会选择其他出版机构。管士光将编辑分为两种：一种是服务型的编辑，与作者是朋友，可以帮助作者解决孩子上学等生活琐事；另一种是学术型编辑，可以从专家的角度，给作者提出修改意见，引导作者写作。这两种类型不能截然分开，要提倡全面发展。

　　60多年来，人文社形成了以"名家、名作、名译、名注、名刊、名编"为支撑的著名文学图书出版品牌。但管士光坦言，进入新时期以来，人文社一些老编辑过于执着的态度，错过了一些优秀新兴作家，比如余华、苏童等。人文社曾经有机会出版金庸的作品，但在讨论过程中，因有的学者认为这并非纯文学而放弃。三联书店出版了金庸的作品，也没有给品牌造成影响，而且销量很好。这说明出版人要转变观念，兼容并包。

如今，"有限公司"4个字已经加在"人民文学出版社"后面了，在经营和文学形态变化的双重压力下，人文社也在酝酿转型。管士光总结人文社的宗旨是：坚持以国家文化建设为己任的出版宗旨，坚持以主流文化为主导、兼容并蓄的文化态度，坚持精益求精、开拓创新的工作精神，坚持以高素质的人才队伍作为事业之本，坚持走整体化经营、积极参与市场竞争的发展之路。最后一条就是在新时代的背景下产生的，改革开放初期出现了以编辑部为单位运作的"一条龙"模式，但人文社坚持整体运作，这有利于大部头文集的出版。

现在，人文社抓住了毕飞宇、海岩、徐皓峰、安妮宝贝、七堇年等新锐作家。人文社为毕飞宇出版了文集；海岩的《河流如血》等通俗小说因为改编成电视剧，销量很高；80后的成都作家七堇年也成为人文社的作者，并且现在已经成为成都作协的专业作家。人文社甚至改变传统观念，招募由网络作家转型的纯文学或接近纯文学的作家。

另一个例子是2013年登上作家富豪榜第一名的江南，如今人文社出版的其奇幻作品《九州缥缈录》，上市不到20天就已经销售了6万多套40多万册，其中精装就有8 000多套。编辑准备争取这位作家，将其下一部新作留给人文社。这些新生代作家有了足够的收入，也渴望找到可以承认其文学地位的权威出版机构，得到主流文学界认可。

管士光准备邀请专家学者为江南召开讨论会，让这样的新生力量进入文学殿堂。他回顾了1979年的一件往事，老社长严文井组织全国部分中长篇小说作者开座谈会，讨论冯骥才等人有争议的作品。这些作品得到茅盾的肯定，出版后果然引发了轰动，促进了全国文艺界思想的解放。尊重新生力量，是人文社的传统。

但是人文社也有一些坚守。比如草根红学家的著作，以杜撰臆测代替学术考据，人文社是不会出版的。管士光认为，红学是科学，要有根有据。虽然这些书销量非常高，有些编辑认为出版平台应该容纳这样的作品，但管士光有他的坚持。

在外国文学方面，"哈利·波特"系列是人文社打造的超级畅销书，也是近年来人文社销售最好的外国文学作品，全球各种版本已经销售了5亿册，中文版销售达到了700万~800万册。可是这部畅销书在中国的出版曾险些夭折。

20世纪90年代末，"哈利·波特"系列在国外热销时，正值我国打击邪教的时期。这套以魔法为主题的小说，能否引进中国，引发了争议。人文社专门为此召开了座谈会，从文学角度正本清源。专家指出，吸血鬼等元素是西方常见的文学元素，与邪教无关。该社在翻译的时候做了处理，将魔法术语的翻译与邪教用词分开，打造了这一超级畅销书，又没有造成负面影响，这体现了兼容并包的文化态度。

"哈利·波特"系列的作者——英国女作家J.K.罗琳一直与人文社合作，她日前更换了版权代理公司，经营思路发生变化，而且中文版版权合同陆续到期。为此，管士光带着责编、翻译、副总编等一行4人，专程赶往英国，商讨如何配合J.K.罗琳的思路继续开发，以诚意获得了后续图书的出版权，并且为"哈利·波特"续上了合同。

新的版权代理公司对封面装帧要求非常高。2015年人文社出版了新版全彩绘本《哈利·波特与魔法石》，是J.K.罗琳认可的一位插画家的手笔，现在已经销售了5万册。全彩绘本也将保持一年出版一部的速度。J.K.罗琳后来的三部作品《偶发空缺》《蚕》《布谷鸟的呼唤》也交给人文社出版。人文社经常为中国的"哈迷"举办创新营销活动，2015年12月，"哈利·波特"系列电影道具展在上海开幕，这是人文社和主办方联合举办的中国哈迷的免费专场活动。

收购九久读书人，建立天天社

管士光坦言，人文社的传统中也有缺点。要发扬优点，剔除缺点。比如具有文人的清高与傲气、国有企业的官僚气，不愿意积极投入市场竞争，不适应现在的条件等。特别是20世纪90年代初期，人文社跟不上出版市场的整体趋势。在外国文学方面，很多出版社已经抢夺版本资源和译者资源。人文社有种"老大"意识，不积极参与竞争，结果大量资源被其他出版社占有了。

今年6月份，人文社在中国出版集团的支持下，斥资5 000多万元，收购了上海九久读书人文化实业有限公司，这家业绩优良的民营公司从此成为人文社在上海的子公司。管士光分析，进入21世纪以来，人文社在外国文学出版方面是短板，尤其是新作出版方面，而这正是九久读书人的长项。九久读书人的童书做得风生水起，这也是未来出版业发展的重头戏，可以丰富板块，弥补人文社的不足。

九久读书人作为民营企业，有经营体制上的优势。人文社在尊重他们的前提下，发扬其优势，保持其运转方式。作为国有出版机构，购买外国畅销书版权成本太高，不敢下手。九久读书人在海外派遣书探，紧盯英美新书，这种创新的图书策划方式值得人文社吸取。地方出版机构有政策壁垒保护，而上海是文化、出版的重镇，人文社早就想在上海开辟桥头堡。收购九久读书人，对双方都是最佳选择。

目前，人文社对九久读书人控股51%，股东还有余秋雨、对外文化集团、新华书店总店等。掌控方式主要是定指标和考核。人文社主要监控管理其财务、选题和图书质量。选题上与人文社既有图书不应有冲突。财务上既要尊重公司法，也要重视管理，让国有资产保值增值。九久读书人董事长黄育海聘请了五六位上海资深编审，为产品把关。人文社与九久读书人合力打造的丹·布朗系列，是继"哈利·波特"系列之后，外国文学方面又一套超级畅销书。

对于人文社的具体操作层面，管士光将其归结为："挺拔主业，丰富品种，调整结构。"主业即文学要突出，但要有各种品种，吸纳和文学相关相近的类别。文化编辑室、教材出版中心、少儿读物编辑室都是根据这个原则建立起来的，读者面越来越广。

天天出版社是又一例证。天天出版社是人文社新成立的副牌。人文社一直有少儿读物编辑室，负责"哈利·波特"系列等童书的编辑。后来少儿读物成为出版业新的经济增长点，一个编辑室力不从心。并且发行时，童书与文学书放在一起，不容易突出。因此，2009年天天出版社成立。现在天天社有40~50人，机构完备，是人文社的全资子公司。

如今人文社的大楼已经成为危楼，经过专门检测机构的鉴定，此楼的基础结构已经断裂，楼面随处可见雨水渗漏的痕迹，屋顶多处残损。拆除重建项目从2011年开始启动，但至今尚未大规模动迁。尽管如此，这样繁荣的地段，这样优渥的环境，这样悠久的历史，依旧是令人称羡的，这也是人文社深厚的文学传统的象征和缩影。新楼重建的计划关系到人文社这座经典文学殿堂未来的命运，我们期待这座殿堂在新时代涅槃重生。

众生・梦

曾经在村民眼中破败的老房子，现在村民自己也知道这是无价之宝，是自己赖以生存甚至发家致富的宝贝，因此不需要再给村民做工作。反而村民觉得政府在这方面的力度还不够大了。

黄怒波和他的那些村落

文/沈威风

2010年5月5日，到达海拔5 200米的营地已经快一个月了，黄怒波还在珠峰大本营里待着，他在等待登珠峰的时机。几天前万科董事长王石在他的博客中写道："今天汪建、W、洪海、钟霖和中坤怒波的登山队员一起午餐，很有意思的是如果这次队员全部登顶成功，就有3个纪录诞生。原来国内登顶珠峰最大年纪的纪录是W保持的52岁，这次成功就是怒波54岁、汪建56岁及W60岁。"

整个中坤集团没有人知道黄怒波究竟会在什么时候回来，他们预计是5月底或者6月初，但是这要视登顶的情况而定，"既然去了，目标肯定是要成功登顶的"。

黄怒波爱上登山的时间并不太长，据说开始于2005年。当年他在登山爱好者——今典投资的王秋杨的带领下，登上了非洲的乞力马扎罗山。那一次登山非常顺利，让黄怒波产生了"登山不过如此"的心态。回来之后，他很快便尝试去新疆登山——可是，这一次他没有能够登顶。

这次失败让黄怒波意识到，轻视导致了这一次失败。从那时候开始，他一周会花3个下午在俱乐部进行强化训练，每个周末在顺义的基地进行魔鬼式的训练。直至今天，他终于有能力去挑战地球的最高峰。

黄怒波说，登山是对一个人意志、勇气和体力的极限挑战，它能够让人重新思考生命。

5月5日下午3点，北京经过前日的一场大雨和刮了一天的大风，整个城市洗练一新，湛蓝的天上白云舒卷，这个庞大晦涩的城市也终于显露出一点清新的气象。中坤集团总裁焦青在进门前的一分钟刚刚结束他和黄怒波的通话，通话的内容是关于北京门头沟爨底下项目的一些想法。而这是这一天他们两人之间的第十七次通话，远在珠峰大本营的黄怒波一有什么想法，立刻通过卫星电话打给焦青。焦青则把每一个想法都如实地记录在小纸条上，摆满了一桌子。

对于黄怒波登山这件事，焦青的理解是："董事长去世界各地登山，一方面是在为我们的旅游地产打前站，另一方面也是在激励我们。珠峰上多么艰难的生存条件，登顶要受多大的苦啊，他都能够承受，我们在做企业的过程中遇到的那一点点困难，又算得了什么呢？"

一

　　黄怒波是个富豪，2009年《福布斯》富豪榜统计其财富为67亿元。他旗下的中坤集团主营业务是地产开发，包括住宅地产、商业地产和旅游地产。可是和中国现在大部分的"富一代"一样，黄怒波有着异常曲折的人生经历，吃苦耐劳对于他们来说，不是人生意外的磨难，而是与生俱来的最初体验。

　　他1956年出生在西北的兰州，1960年父亲被打成反革命并于同年自杀。在那个荒唐的年代，有这样出身的孩子和家庭，势必会经历常人所难以想象的偏见和折磨。黄怒波的童年和少年时代，伴随着两个词——饥饿和愤怒。他吃不饱饭，生活得异常艰难，而在社会充满歧视、偏见的目光中，又忍不住一次次地爆发，试图用拳头来寻找自己的尊严。

　　这一段经历，或许可以称之为天将降大任于斯人之前的磨砺。因为到了1977年，命运突然拐了一个一百八十度的大弯，把黄怒波的生活带上了截然不同的方向。那一年，一个从天上掉下来的机会，把黄怒波送进了北京大学的校门。毕业之后他留在北京，在中宣部任职，29岁成了一个正处级干部，前途一片光明。

　　20世纪90年代中期，黄怒波在中国市长协会下面的城市出版社当负责人。出版社经营不太顺利，建设部允许黄怒波成立一个咨询公司，中坤公司由此成立。本来是个清水衙门，竟被黄怒波经营得风生水起。到1997年，中坤公司的状况已经相当不错，开始涉足房地产业和宾馆酒店业务。

1997年9月，黄怒波在北京接待了一群远道而来的朋友——来自安徽黟县的县长和陪同他到北京招商引资的几个地方官员。说是朋友，其实他们之前并没有见过面，只是他们有一个共同的熟人。20世纪80年代中期，黄怒波还在中宣部的时候，曾经作为中宣部讲师团的一名成员，在安徽黄山地区当过一年的老师。当地的歙县出产歙砚，文化人黄怒波在歙砚厂买砚台的时候，认识了一个名叫杨震的人。正是杨震，在十几年之后，介绍黟县新上任的县长到北京去找中坤公司的黄怒波。

　　县长向黄怒波介绍了当地的旅游资源，说当地有一个叫"宏村"的村子，是保存相对完好的古村落，很多建筑学的专家学者去过之后，都认为是非常好的资源。县长还说，宏村附近有一个类似的村子叫"西递"，村民早些年自己动脑子开发旅游，在香烟壳的背面印上字画，当门票卖，2毛钱一张，也能赚不少钱。宏村的村民也试着自己做，现在门票卖到了2块钱一张，一年光门票收入就有17万，但是还是觉得做得不好，他希望黄怒波能去宏村看看。

　　县长的意思很明白，就是希望黄怒波能支持一下这个故地的建设。

　　黄怒波带着他的团队去了，结果黄怒波对宏村一见倾心，而他的团队从上到下包括焦青在内，却是看得内心一片冰凉。焦青还很清楚地记得他对宏村的第一印象，他没有提到宏村的美，只记得那个村子很破败，交通非常不便。"黟县的黟字，很多人不会念，就说是黑多。我们去那里看的时候，真的是黑多呀，晚上七八点钟，天黑了，公路上没有路灯，汽车站里没有灯光，村子里也没几盏灯亮着，我们就傻眼了，在这样的地方投资几百万？"

县长对黄怒波说，投资能有200万就足够了。这个数字在现在看起来不多，对于地产商来说也是小数目，但是对于1997年的旅游公司来说，却是个大数字。即便是离黟县咫尺之遥的黄山旅游，如今的上市公司，当时也不见得能拿出这笔钱来。更何况，当时中坤的实力也并不雄厚。1995年，中坤和北京印刷三厂合作改造了一个办公楼，挣得第一桶金。随后，用仅有的几十万元家底，在宜昌开发住宅小区。这个项目没有赚到什么钱，却形成稳定的现金流，随后中坤在山西开发了两三家三星级宾馆，并掘到第二桶金300万。

但是黄怒波想做的事情，没有人能阻止他，甚至他不需要去说服那些反对的人们。他固执地要投资，并利用焦青他们对这个项目极度不看好的心态，让他们在谈判的过程中尽量去压价。最终他们与县政府达成协议，不论经营效果如何，中坤每年都会保底付给宏村17万元（当年宏村一年的门票收入），另外将总收入的5%交给县政府和村里进行分配。

这在当时是一个双方都还算满意的结果，只不过随着时间的推移，17万的保底数字已经变得无足轻重，而中坤每年分给县政府和村里的分成比例已经逐渐提高到了33%。时至今日，当宏村的门票收入已经达到一年6 000万左右的时候，当时的老县长终于向焦青承认，当年他壮着胆子报了一个大数——1997年宏村的门票收入根本没有达到17万，满打满算，最多只有10万元。

二

　　黟县四面环山，从黄山市到黟县，一路多是丘陵。穿过一个几十米的"桃源洞"，豁然开朗，一面是裸露着黑色岩石、桃花漫山遍野的山岭，一面是流水湍急、落英缤纷的小溪。被山岭所环绕的，是一个平原，平原上鸡鸣犬吠，炊烟四起——这情形，和陶渊明笔下的世外桃源并无二致。有趣的是，黟县真的有一个村子叫"陶村"，村里人都姓陶，拿出族谱来一看，正是陶渊明的后代。

　　无论真假，这里也的确称得上是一个世外桃源。这里原属徽州地区，在农业社会，这样远离战乱、农田丰美的地方，最是盛产文人富户。因此在明清两代，徽州地区极为富庶，这里不仅出大官、出富商，还出文人。在朝为官的官员们告老还乡，在外经商的徽商们衣锦还乡之时，总要在家乡修缮一座大屋，供养父母，体恤妻儿。因此这一带，明清古建筑极其丰富。

　　更重要的是，在改革开放的浪潮中，这个交通闭塞、风气相对比较保守的地区却没有赶上城市化发展的浪潮，而变得极其贫困——因为贫困，居民没有钱建新房，明清的古典建筑因此得以保存。

　　宏村的建筑是典型的徽派建筑，白墙黑瓦，还有高高矗立的马头墙。与众不同的是，宋绍兴年间，古宏村人为防火灌田，独运匠心开仿生学之先河，建造出堪称"中国一绝"的牛状人工水系：穿村而过的九曲十弯的水圳是"牛肠"，傍泉挖掘的"月沼"是"牛胃"，"南湖"是"牛肚"，"牛肠"两旁民居为"牛身"。

全村保存完好的明清民居140余幢，每一座宅院，都还能看到保存完好的精美木雕、砖雕和石雕。村中的大宅院"承志堂"更是富丽堂皇。这一切，如今已经成为中华文化的一个代表和瑰宝。只是在1997年黄怒波接手的时候，宏村的建筑有些已经因为年久失修而倒塌，有些在村民日复一日的生活中被猪圈给侵蚀了，还有些木雕、砖雕，则被撬下来低价卖掉了。

西递村的情况要好一些。那个村的地理位置比宏村更好，因为它离黄山比较近，只有40千米的距离，从黄山到黟县，要先经过西递村。西递村的规模比较大，东西长700米，南北宽300米，居民300余户，人口1 000多。这里保留有数百幢明清古民居，建筑和路面都用大理石铺砌，两条清泉穿村而过，99条高墙深巷使游客如置身迷宫。村口矗立的明万历年间建造的胡文光刺史牌坊更是成了安徽省的标识性建筑。

西递村和宏村两个相距并不远的村庄，在旅游收益上相差甚远，宏村的村民在心态上，多少有一点着急。

县政府将宏村旅游的30年经营权转让给中坤公司之后，宏村村民有的不理解，有的在观望，有的人则比较激烈地采取了抵抗的态度。

黄怒波做的第一件事，花的第一笔钱，是找清华大学陈秩华教授合作做出宏村古村落的保护规划。这一步在事后证明是事关重大的，因为如果中坤当时按照一般人的想法，对宏村做出的是开发规划的话，之后的故事大概就要变样了。1998年，在一些专家的建议下，县政府决定将西递、宏村两个村子合并申报联合国非物质文化遗产。那一年的竞争非常激烈，其中一个竞争对手就是在当时已经闻名遐迩的周庄。

黟县很穷，为了非遗申请所能投入的资金有限。当时的县旅游局的工作人员还记得当时寄上去的材料，只是普通的油墨印刷的小册子，根本没有任何包装，所以在第一轮就被刷了下去。而当时周庄认为自己拿到这个非遗的牌子已经是板上钉钉的事情了。然而一切又有了阴差阳错的进展，因为在黄山地区开的一个会议，顺便到宏村参观的专家把本来已经被淘汰的西递、宏村又给捞回了竞争队伍。黄怒波也从不讳言他在建设部工作期间积累下来的人脉，在那个时候发挥了极其重要的作用。

最后，则是老天帮忙。在南湖倒映下的宏村，最美的时候就是天上飘起小雨，水面烟雾弥漫之时。此时宏村就会美得像一幅水墨画。联合国的专家到来的那一天，正是一个这样烟雨蒙蒙的天气。后来担任中坤地产黄山京黟旅游开发有限公司总经理的姚勇还记得，日本专家走到村口，一下子站住了，然后就坐在湖边的石阶上，看着对岸发呆。所有人都不知所措的时候，日本专家的助手笑着说："恭喜你们。我们的专家已经开始享受眼前的美景了。"

拿到这个称号，对于当地的旅游来说，意义非凡。黄怒波自然也是得意万分，他常常说："宏村是我一手做的世界文化遗产。"

然而对于村民来说，世界文化遗产的效益可能没那么容易看到，他们反而记得，中坤公司刚刚进入时的一些承诺，没有兑现。当然，对于中坤而言，对古村落进行旅游开发，也是一个崭新的项目，他们并没有经验。加上申请世界文化遗产成功之后，一些事先设计好的开发性设施，就不能做了。

"刚到宏村的时候，一开始不但没赚着钱，还亏了一小笔。刚刚修好了一个停车场，因为要申请世界文化遗产，停车场和售票处的建筑风格不匹配，只能立即拆掉。这也给了我们一个教训，后来做的停车场和服务设施，我们就很注意，修得和旧的一模一样了。但是的确，一开始对村民做的一些承诺，要做的一些事情，我们做不到了。村民们不理解，反对的情绪就比较激烈。那时候有人在村里拉横幅，要北京人滚出去，还有人泼大粪。甚至过了几年之后，有人觉得中坤的做法他们也学会了，不如把中坤赶出去，再重新自己做。那段时间真的是很艰难。"姚勇说。

姚勇是当地歙县人，他曾经是歙县旅游局副局长，在开发歙县牌坊群旅游项目上做出过很大的贡献，对当地的旅游资源和人文民俗有着很深的了解。黄怒波在接手宏村项目之后，第一时间将他挖到了中坤集团。

这样的当地人，刚开始几年走在宏村的村子里，心里都是战战兢兢的。黄洁是中坤公司在当地招的第一批导游之一。她说她喜欢旅游，喜欢做导游。她的同事说她就是爱说话，喜欢跟人沟通，性格十分开朗。2001年江泽民在宏村参观的时候，就是她做的解说。可是在刚开始的几年，她也承受着村民们鄙视、充满敌意的眼光。"在他们的眼里，我们就像叛徒一样。"

事情的转机发生在2003年。非典肆虐的时候，旅游业一片惨淡，宏村没有一个人来参观。"但是我们还在四处去做推荐，去营销。结果非典一过去，宏村的旅游一下子有了爆炸式的增长。那一次，村民被我们感动了，他们终于知道，我们会做他们不敢做的事，他们不能做的事。"

三

宏村终于认可了中坤，现在黄洁再带着人到宏村去，一路上的村民都亲亲热热地跟她打招呼。而她的客人要买旅游纪念品，店家总会看在她的面子上，额外打一个折扣。

宏村的村长是个女村长，姓汪，事实上这个村子原本只有一个姓，就是汪姓。她已经当了20多年的村长，她说在做旅游之前，村子里穷得很，大家就是种一点茶叶和桑树，养蚕为生，一年的人均收入只有几百块。而现在，村里85%的人都做起了跟旅游有关的生意，做得大的，就开客栈、饭馆、农家乐；有手艺的就卖旅游纪念品和地方特色小吃；实在没有生意能力的，把房子出租给外面来的人做生意，光靠收租金，日子也能过得不错。

"桑树都差不多砍光了，退耕还林了。我在2005年的时候也还养蚕，现在也不养了。"汪村长说，在感谢完中坤之后，她又犹豫着说："要说有什么不够的地方，就是觉得在民居的保护上做得还不够。这些房子都很老了，再不花钱去修，万一哪天倒了，那就拿钱都买不回来了呀。"

曾经在村民眼中破败的老房子，现在村民自己也知道这是无价之宝，是自己赖以生存甚至发家致富的宝贝，因此不需要再给村民做工作。反而村民觉得政府在这方面的力度还不够大了。姚勇私下里感叹："当年这样的宅子，八万八就能买一座，我是真想买啊，结果黄总不让。村民想卖极了，黄总却说，你买下来，过几年人家骂死你，不能与民争利，我们不能抢了他们的资源。所以我一狠心，还价说8万，对方就不卖了。现在就算是出800万，我看他们也不会卖了。"

所以中坤在宏村的盈利模式简单到令人惊讶，总结起来就是3个字——"收门票"。村里所有的商业设施，都是村民自己的。他们现在依然在村里生活，面对络绎不绝的游客，他们早已经习惯了被瞩目和被拍照的生活，该吃饭吃饭，该干活干活。家里来了客人，主客二位在正堂的八仙桌两旁喝茶聊天，一群游客走进来，导游解说着木雕上那些精美图案的美好寓意，游客们好奇地东张西望，看到两个坐着的人聊天，还会举起相机拍下来。甚至有人走到桌子跟前，面对相机摆pose，硬生生将主人拍成了背景的一部分。

当然，村民的生活还是有了变化。他们说，原来干农活的时候，晚上没事，男人免不了出去打两把牌，回来跟媳妇置气吵一架，都是难免的事。现在生意太忙，白天忙着卖东西，晚上忙着做东西，做烧包做工艺品，"哪有时间打牌吵架呀"。

宏村已经成了黟县最富裕的一个村，人均年收入达到了7 000多元，据说这还是一个保守的数字，县人均收入只有5 000多元。当然，黟县现在是旅游强县，在宏村和西递旅游的带动下，旅游和相关产业已经占到了当地GDP的50%以上。可是，不论从哪个角度看，黟县仍然算不上富裕。县城很小，县城区人口只有1万多，整个县也只有不到10万人，GDP不到20亿，大部分靠旅游拉动。一到晚上，县城远比不上宏村热闹。

宏村因为是保护措施的限制，不能进行过度的商业开发，这反而带旺了与宏村一河相隔的际村。一到晚上，几千名住在宏村和附近几个村落写生的艺术学院的学生们就涌到际村的夜市去吃烧烤。

马路两旁密密麻麻延绵几百米全是烧烤摊子，中间夹杂了几个卖小吃、卖纪念品的小摊。十八九岁的学生们在暮春还有些微凉的夜色中，穿着五颜六色的裙子，裸露着小腿，成群结队地走过，肆无忌惮地跟摊主砍价。

"10块钱一个？不要吓我，两块钱还差不多。"

生意做不成没关系，卖的人和买的人都不会生气。县城里的年轻人耐不住寂寞，跑到村子里来看美女，不用三句话，两桌就能拼成一桌，一瓶啤酒喝下去，就成了莫逆之交。宏村反而成了黟县的中心。

拐过一个弯，欢声笑语和劣质卡拉OK的声音被阻隔在外面，水墨宏村售楼处的牌子高高地立着。这是一个针对当地村民开发的楼盘，与中坤毫无关系，是一个外地来的小开发商做的住宅和商业项目。带着典型徽派风格的建筑，据说卖得不便宜，至少不比县城里的便宜，住宅2 000多元/m²，商铺5 000多元/m²——谁让宏村的村民有钱了呢？

四

因为旅游开发而给整个县带来如此巨大的变化，当日进京招商引资的老县长肯定没有想到。现在的黟县想必是打算一直在开发旅游产业的道路上走下去了，因为在中国，几乎找不到第二个县，能把整个县的风貌保持得如此统一——清一色的徽派建筑，不论是新开发的楼盘，还是政府大楼、法院、公安局、国家电网，或者是马路边的民居，无一例外都有着高高的马头墙和白墙黑瓦的清淡雅致的风格，在南方葱绿如烟的山水间，看起来格外赏心悦目。

而黄怒波也不会想到，中坤在黟县这个小县城，会把根扎得这么深，把网撒得这么大。

除了宏村之外，中坤还拿到了南屏和关麓两个村的旅游经营权。南屏村还有个说法是"中国影视基地"，村子里除了古民居之外，更有两个宏伟、保存完好的祠堂：叶氏宗祠是当年张艺谋拍摄《菊豆》时候的取景地，如今祠堂的门上还挂着"老杨家染坊"的牌匾，天井里还高高地挑着几匹已经褪色的布；一墙之隔的叶氏支祠则是李安拍摄《卧虎藏龙》的取景地，在这个长满青苔的天井里，两大巨星杨紫琼和章子怡曾经上演过一场精彩绝伦的对战。

作为这两部在华语电影史都占据重要地位的电影的取景地，南屏村已然有它不可忽视的旅游价值。村民们还记得那一年，在拍摄《菊豆》的时候，巩俐穿着一条肥大的棉裤，笼着手站在学校的操场上看孩子们打篮球。他们也还记得拍《卧虎藏龙》的时候，看见周润发就有些激动，却没有人搭理章子怡，因为没人知道她是谁。后来很多电影在村子里拍摄，见惯了大明星的村民已经非常淡定了。

关麓村的规模是三个村子中最小的，也是最奇特的。这个村子里有所宅子叫"八大户"，其实是八兄弟盖的八所宅子，为了方便走动，宅子之间都是相连的，因此形成了极其独特的格局。

南屏和关麓的开发还没有宏村那么成熟，看起来更加原始和原生态。

姚勇说不着急，他还没想好怎么开发，但是一定不会按照宏村的模式来做。"当地的古村落不少，都按照同样的模式开发，同质性太严重，不是好事。"在他的设想里，可以把南屏开发成一个夜游项目，因为南屏村的巷子更加狭小和错综复杂，本来就有"迷宫"的说法。至于关麓，因为规模小，人口不多，他在想是不是可以将民居买下来，把村民迁出去，打造成一个高端的会所项目？

甚至，他还看到了黟县县城在当地人生活中有点被边缘化的问题。事实上县城的古建筑也保存得相当完好，是不是可以把其中的一条街打造成古街风貌的商业街，就像上海的新天地一样，做一个叫"黟县天"的项目？

这些还都是他的设想，已经成为现实的是一个比这些项目大得多的项目。中坤在宏村附近的奇墅湖旁征了60多万平方米滩地，租下200多万平方米山林，投资10亿元，建设了一个五星级酒店和一批度假别墅。另外投资1亿元，重建了唐代古刹梓路寺，并在寺院不远处修建了一处墓葬陵园。

酒店定于2010年6月26日开业，那一天也是梓路寺开光大典的时间。3月份梓路寺举行了烧香仪式，黄怒波亲手点燃了三炷香。据说烧香仪式并没有做宣传，因此中坤预计会有200人参加，结果竟然去了2万多人——这让他们对这个酒店项目产生极大信心。每年到宏村旅游的有几十万人，总会产生不同档次的需求，黄怒波把原生态的农家乐留给了村民，却在细分市场的方向上，为自己寻找新的盈利增长点。

黄山宏村只是中坤旅游地产的第一个项目，经营10多年后中坤还在不断寻找新的开发模式。而黄怒波在旅游地产这一板块上踏出去的这一只脚，却越伸越长。

2003年，黄怒波开始对南疆克孜勒苏柯尔克孜自治州高台民居进行旅游开发。到现在，南疆景区板块蓝图已然框定，这是一个囊括新疆南疆五地州，总面积超过120万平方千米的庞大景区群。

除此之外，还有北京门头沟区斋堂镇和清水镇两镇下辖近20个拥有400年历史的古村落的开发权，湖南岳阳的古村落项目和安徽桐城的古商业街改造项目。

焦青说，宏村项目成功以后，每年上门来希望中坤去当地做旅游地产的城市络绎不绝。只是每一处的情况不同，特点不同，不可能将宏村的成功经验简单复制到各地去，因此中坤对项目的选择，还是相对谨慎的。

从1998年开始涉足旅游地产，后来这一块业务被黄怒波提升为度假地产，中坤可谓是赶上了历史上最好的一个时机。这十几年来，中国旅游度假产业的发展是爆炸性的增长，可以说中国任何一个景点在过去十年中接待的游客量，可能比历史上所有时期都要多。旅游地产随之水涨船高，也是很自然的一个结果。

可是，从1998年开始，恰恰也是中国房地产行业进入高速发展的时期，这个行业从成形到成为国家的支柱产业，发展速度之快令人瞠目结舌。黄怒波经常要面对的一个问题就是，"如果你把用在旅游开发上的精力都用在拿地上，那该能赚多少钱"？宏村一年的门票收入有几千万，这个数字在旅游上看起来不少，对于房地产行业来说，却少得不值一提。

只是，黄怒波有他自己的打算。连焦青都说，宏村项目刚启动的时候，大家都看不懂，实在看不出能挣钱的地方。后来想想，大概是自己的文化底蕴没跟上，所以站不高，看不远。

在解读黄怒波的生意经的时候，永远不能忘记的一点是，黄怒波是一个诗人，还是一个很不错的诗人，他以骆英这个笔名，出版过好几本诗集。在当下，诗人几乎绝迹，仅存的几个顶着近乎骂名的"诗人"名号生存，更难得有能在福布斯排行榜上占据一席之地的地产商同时还能成为诗人者。

能写诗的人，往往格外敏感，能体会常人所不能体会之处，也会有常人所不能理解之举动。黄怒波说，宏村不是会下金蛋的母鸡，只是一头能挤奶的奶牛，而等待这头奶牛进入盛产期，他足足耐了5年的寂寞——或许在那5年里，能让他聊以自慰的就是"中坤拥有一个世界文化遗产，世界上还有哪个公司能办到"？

如今中坤的旅游度假板块已经成形，国内的5个项目加上日本北海道的度假村项目以及美国洛杉矶的Shoppingmall和牧场，至少在这一块业务上，黄怒波拥有了他自己的世界版图。土地是不可再生的资源，在"招拍挂"和地方生产总值的推动下，房价成为最热门的话题，地产商成为最不光彩的商人群像。

黄怒波是商人，他不会放弃能下金蛋的母鸡，所以住宅项目和商业地产项目还在做，甚至焦青还会把北京大钟寺中坤广场项目和大兴商业项目并称为最重要的项目，"只要把这两个项目做好了，就什么都不怕了"。

黄怒波同时也是诗人，他抢占着更为稀缺的古文化、古村落资源，甚至不惜用地产项目赚到的钱来补贴旅游板块。在他的眼里，这一部分才是长线的投资，能带来更持续稳健和健康的发展，不会留下丑陋的建筑物，却能弘扬和回归中国古代"天人合一"的生活方式——用现在流行的话说，是低碳和环保的生活方式。

中国教育的鸿沟就是，城乡教育的差距大，中心城市与边远城市不匹配，民工子弟与中产阶层孩子的教育环境更是迥异。

探秘真爱梦想基金会：极客公益炼成记

文/小刀崔

我的泪点很高，但看到台湾大众银行拍摄的微电影《人为什么活着？》，瞬间哭了。这是我在真爱梦想公益基金会的官方微博上看到的一个视频。我的笑点很低，一位梦想老师告诉我一个段子：话说，小明告诉爸爸，这世界上有三种鸟，一种是飞得很高的鸟，一种是懒惰的鸟，还有一种鸟，下一个蛋，一辈子就巴望着下一代的鸟会飞。小明的爸爸以为儿子嘲笑老子，就扇了孩子一巴掌。这个段子，我笑不出来。

在采访真爱梦想基金会的过程中，我一再问自己，你是哪一种鸟？

潘江雪女士是金融圈的资深人士，曾是招商证券（香港）的董事，后到汇丰晋信基金管理公司加入管理层。2005年，为给年轻的父母做生命周期的投资教育，这家公司投资建立了一家教育网站。彼时，潘江雪才初步地了解了中国城市教育的现状，许多焦虑的父母们沿袭着传统的教育模式，却又希望自己的孩子适应现代潮流。一方面推崇精英教育，希望孩子快乐成长；另一方面在面对择校、应试的现实压力时，却又茫然、无所适从。

2002年始，潘江雪随噶玛仁波切进入藏区，过滤掉喧嚣的都市浮华，来到一个有酥油茶和雪莲花的地方。在四川阿坝州马尔康县，她找到一种与都市完全不同的生活状态，你可以凝望着一朵花微笑，躺在漫山遍野的油菜花丛中遐思。但这里的贫困同样触目惊心：一些藏民的家庭，只有一室一灶一床，孩子五六岁，就去山上挖虫草。这里有自然的大美，但没有多彩的梦想，缺乏素质教育，没有人生的选择，在层峦叠嶂的环绕下，藏民的孩子轮流搭乘着一辆叫"轮回"的生命列车，重复着父辈的足迹。

2007年夏天，潘江雪随上师几乎走访了马尔康县所有的学校，当她问老师：孩子最感兴趣的地方是哪？

老师嗫嚅：大概是图书馆吧。

图书馆是上锁的，等了许久，催了几次，才找到开锁的人。图书馆尘封已久，看得出库存的书几乎没有人借阅。领袖文集、康熙大字典和一些线状书夹杂其中。在昏暗的图书室里，老师悲戚地说："这里的孩子走不出大山。"

怎么走不出大山？孩子是鸟，不是植物，不是小树，决定命运的不是生在哪里、长在哪里，要紧的是，有没有一双矫健的翅膀可以飞得高、飞得远。知识与互联网就是孩子们的翅膀。马尔康在藏语中有点燃火种的寓意。在马尔康县，潘江雪从雪山高原上捡到一粒有关教育的饱满种子。

于是就在2007年，潘江雪与吴冲辞职，找到几位金融机构的好友共同出资，先在香港注册名为真爱梦想中国教育基金会的慈善团体，次年在上海注册真爱梦想公益基金会。潘江雪说："当时很多人都不理解，为什么我要放弃金饭碗，捧起土钵开始化缘？"所幸的是，几位发起人都是大咖，有资本市场的Top Sales刘蔓、以经济学家著称的企业家王吉绯，还有作为独立理事身份的律师史俊明。在这些发起人的支持下，她和吴冲得以全身心地投入到慈善公益领域，换一种活法，重新审视过去被遗忘的角落和被忽略的人群。

第一粒种子落在马尔康县。真爱梦想基金会的切入点非常聪明，在九年义务教育的体制框架下，为孩子开拓一片自留地，改造学校的图书馆，使其成为多媒体网络教室。他们邀请来国家一级建筑师吴宏宇，这位北师大的总工程师、主持过上海东方商厦与飞利浦办公大厦的名匠，牛刀小试，精心设计了第一家70平方米的梦想中心。

第一家梦想中心有别于一般教室，中心颜色以藏区孩子喜欢的藏红和淡黄为主，木质的书架和地板，温暖舒适；老师的讲台不是在梦想中心的正前面，而是在课堂的对角线上；多媒体活动区是孩子表演和互动的地方，类似学生的T型台；课桌不是成行排列，而是分组团坐。而传统的教室延续的是中国宫殿式的建筑风格，体现老师与学生的森严等级，也有私塾课堂的庄重与严谨。这样的教室照顾了教育的面子，但损害了教育的里子。

我初次与潘江雪交流，是在长江商学院的下课间隙。我向她诉说了一个多年的心底困惑：我从小在山东的农村长大，高中阶段才来到城市。即使现在身在都市，对城市始终有一种隔膜，对故乡始终有一种眷恋。我为骨子里的寻根情节所缠绕，而潘江雪不然，她在北京天安门边上长大。1976年，中国换新颜，当时她还懵懂，举个小笤帚一起随大人参加庆贺。她认为"平等是我骨子里的东西"，中国的发展应该与己有关，"过去我们的教育太注重田园文明，现在的教育应该以城市文明为主"。中国教育的鸿沟就是，城乡教育的差距大，中心城市与边远城市不匹配，民工子弟与中产阶层孩子的教育环境更是迥异。

平等是教育的原则，梦想中心的空间设计也遵循了这一点。如果说中国的基础教育是一座金字塔的话，真爱梦想基金会没有仰望金字塔尖，而是甘作塔底的一块基石。潘江雪女士是现实的理想主义者，她视公益教育事业为一次热恋："不是每个人都有机会，在青春年少的时候，跟自己的国家谈一场轰轰烈烈的恋爱。已经成年的我们，都知道即使受到很多约束，仍然可以挪动自己所在的支点，让天平倾向最需要帮助的一方。"

甘肃会宁是西北闻名的高考状元县。因为穷困，高考是唯一的出路。由于分数高、能力低，这些状元们到了大学后，诸多不适应，毕业即失业。一个贫苦的家庭，全家举债帮助孩子攻读大学，末了，一张大学文凭别说反哺家庭，就连自立都做不到。寒门学子的路为什么越来越窄？命门就是缺乏系统的素质教育。为此，真爱梦想基金会与会宁县教育局联手，开启了企业捐赠、政府配资、真爱梦想基金会执行的全面覆盖入驻的合作模式，弥补会宁县素质教育这块短板。

春节前后，我正在读梁漱溟先生的乡村建设文集，我想起20世纪40年代平民教育家晏阳初提出的公民教育理念，唤醒、平等、改变、知行合一。难得的是，过了几十载，这些关键词再次走入中国的小学。

　　我做过多年记者，跑过许多地方，看到过乡村基础教育的薄弱，甚至是千疮百孔。春节前，我回乡村老家过年，看到我的小学母校已残破，也许20多年未曾翻修过。只见高矮不平的桌凳与陈陋的黑板，教室后面悬有《小学生守则》，标有各种"不准"和"遵守"。中国乡村基层教育之殇，是我们这个民族最薄弱的一环。

　　我在我的母校伫立许久，感怀那些在偏远地区受惠于真爱梦想基金会的孩子们，他们通过梦想中心，好奇心得以呵护而绽放自信。那一刻，我也明白了自己对于都市的不安从何而来？根源就是我的童年没有接纳过系统的品格能力教育。而我又是有福的，今天可以通过采访，追溯成长，对照田园与城市之别，来完成一次心理上的修复。那么其他孩子呢？

　　真爱梦想基金会的新任秘书长胡斌讲述他的见闻：某次他参加梦想中心的启动仪式，校长讲话，反复强调你们一定要好好学习，将来回报社会，回报真爱梦想基金会云云。胡斌老师反对这种说法，公益也是一种投资，是对社会的投资，但教育要求回报吗？教育的目的，是让每一个孩子学会独立思考，认知美与人生。

　　基金会的工作人员经常遇到有人央求：我们这里穷，多捐点钱吧。基金会做慈善的首要法则是，帮助那些向上、向善的人群。慈善不消费廉价的眼泪，不咀嚼悲情，公益教育也不是简单地扶贫与帮扶，而是孕育希望，推动改变。潘江雪说得好："我们不是给没有床的孩子提供床铺，而是为没床和有床的孩子提供做梦的自由。"

有梦想是美好的，但一颗柔软的公益之心，仍然需要强健的躯干与四肢，才能行走在大地上。

梦想课程的首席顾问是华东师大的崔允漷教授，崔教授所率领的教学研究所有"中国基础教育研究的国家队"之称。早在2008年4月，在去纽约的一艘轮渡上，潘江雪向偶遇的金融界朋友分享公益体会和为什么选择公益教育。她的热情与博爱精神，感染了周围的游客，其中就有崔允漷教授。崔教授回国后，没有潘江雪的联系方式，便通过网络搜索找到一个邮箱地址与她沟通，表示愿意挂帅亲自督导设计梦想课程。《一代宗师》有句热门的台词：念念不忘，必有回想。一位专注公益的人，最终会得到同道者的呼应。

梦想课程包括家乡特产、远方的城市、我和你、野孩子、全人教育、多元实用才能、理财等11个板块共30个课时，分别纳入"我是谁""去哪里""怎么去"3个课题框架下。基金会的吴冲曾笑称，做一位梦想教师，如同门卫保安，天天要问孩子们3个问题：我是谁、去哪里、怎么去。其实，核心在于唤醒孩子的好奇心和独立思考的能力。

观察梦想课程，有两个内核。一是以教师为核心。我过去采访过一些支教的志愿者。我赞同支教的初衷，这些老师空降到边缘偏僻城市，带来新的理论与方法，但毕竟支教不是终身制，待到外来的老师离开，剩下的乡村土著教师可能会失去孩子的热爱，无法建立一以贯之的教学规则。真爱梦想基金会则选择与当地的教育局合作，以参与式的培训和梦想盒子等网络手段，激发老师们的热情，帮助他们提升专业能力。在现有的教师队伍寻找合适的人选，作为梦想种子教师，辐射和影响更多的梦想领路人。

梦想课程的第二个内核是科技化。梦想课程会播放BBC的城市建设纪录片，教孩子们使用网络地图，在线预订车票与酒店，制定去其他城市的旅游攻略。基金会甚至会与阿里巴巴公司沟通，制作专门的网商教材，教会孩子们在网上销售家乡的土特产。而这些教学中，平板电脑是重要的移动学习工具。

遥想当年，iPad面世后，乔布斯和传媒大亨默多克共进晚餐。他们俩一致认为，纸质教科书业务将会被数字学习材料淘汰。乔布斯逝世之前，还专门向美国总统谏言：解放孩子的书包，让iPad进入课堂。

今天，在欧美国家的小学教育，iPad教学司空见惯，但在国内的教育中，还远未普及。在学校，孩子们面对的是黑板、粉笔与试卷；但回到家里，可以在iPad上玩游戏、看视频。教育与娱乐，学习与家庭如此割裂，实属罕见。我相信，避免孩子上网成瘾的唯一方法就是，引导孩子学会使用科技产品。

2015年，真爱梦想基金会的公益创业之路进入第七年，在全国31个省市自治区，设立了为183万名师生提供素质教育课程和服务的公募基金会。

当公益遇到科技，会碰撞出什么火花？春节期间，真爱梦想基金会的刘蔓理事与长江商学院EMBA25期的校友共同号召过年不要红包，要公益。运用腾讯公益"一起捐"的功能，大家发现公益还可以这么简单，这么好玩，于是纷纷申领任务，发动朋友圈的劝募……10天内，超过1.6万人参与"真爱梦想·梦想课堂一起捐"的活动，捐款逾120万元。这些参与者中既包括真爱梦想基金会的理事、长期铁杆支持者，还包括志愿者、捐赠人的孩子们、偏远地区梦想中心受益的老师和校长们。

真爱梦想基金会连续4年蝉联《福布斯》中国慈善基金榜第一名，是国内极为难得拥有极客范儿的公益基金会。他们用上市公司的标准规范财务，用知识连锁店的概念打包推广梦想中心。每一个梦想中心都是2.5吨、6立方米的物资，运到目的地后，只需要电工、漆工、木工各两名，加上一周的工作量即可组建新的梦想中心。

如果问及梦想中心的投入？潘江雪能够准确地说出每个插座的价格是5.3元。

回顾这几年的基金会年会，汪峰的《存在》、电影《云图》都会出现在基金会的年会中，他们的招聘也会寻找喜欢KK《失控》与刘慈欣的科幻小说《三体》的同道。2014年，时任秘书长的吴冲关注了硅谷流行的一本畅销书《奇点临近》。在他的倡导下，真爱梦想基金会开始了反思：未来的公益教育要走开源之路，当我们为孩子打游戏上瘾头疼不已的时候，有没有想过操作游戏有可能成为未来某一个时代的基本生活技能？当素质教育成为大众诉求后，我们是不是也要保留应试教育的一些精华？当奇点来临，如果20~30年内，信息的采集、存储和运算都可以借由类似人脑外挂U盘这样的接口实现，那么究竟什么样的教育才真正具有价值？

我最害怕的是，这一辈人的无知无畏，打破了生态平衡，而让我们的孩子去埋单。拼命地消耗自然，肆意地消灭物种，这些人想没想过，你的孩子将来还能继承什么？

子雯：人呐，就是一个传导体

文/小刀崔

子雯本名梅楣，祖籍河北，长在长沙，毕业于湖南师大，在湖南卫视文艺部工作10年，辗转《正大综艺》《综艺大观》《快乐大本营》等名牌电视栏目，承接数届湖南的中秋晚会、春节晚会。她是资深的媒体人，至今，老同事还亲切地喊她本名的谐音"妹妹"。

后来，子雯赴美读书，攻读电影专业，实习初期是在国家地理频道。地理频道的CEO是野生救援协会的理事会主席，当时野生救援协会"有一个岗位，在网上挂很久了，没有找到合适的人"。地理频道引荐子雯到纽约，见了野生救援协会的两位创始人。

最初，子雯有关动物的理解，源于对一只小猫的感情。去美国之前，子雯第一次养猫，因为不会照料，不久猫便殁了。"我一辈子忘不了小猫去世前那个求助的眼神。"她感到内疚，既然养了，就要对它负责，就要懂得一些饲育知识。

1999年，野生救援协会（Wild Aid）在美国注册，这是一家非营利的国际环保组织，旨在通过公共宣传，提升大众意识，减少对濒危野生动物的伤害。他们的口号简单有力：没有买卖，就没有杀害。"这个概念非常新，以我的经验、原来的资源，有能力从事这份工作。"由此，子雯开始担任野生救援协会中国首席代表。人才难得，她电影学院毕业后，已有多家大牌电影公司抛以橄榄枝。选择野生救援协会，是因为"这件事挺有意义的，未来也有很多不确定性"。

这一做就是11年，子雯将野生救援协会的理念引入中国，"这个过程，我成长很多，看人、看问题心更大了、更松了，不再焦灼纠结在一个点上"。人到大自然中，与动物面对面，从琐碎世俗的烦恼中挣脱出来，你可以退一步看一件事情，在更宏观的层面思考。

人与自然对话，会形成强大的冲击波，激荡洗涤人的心灵。这种感受，子雯和篮球明星姚明讲过，"俩人的感受一模一样"。2012年、2013年去非洲，姚明有很大的改变，大个子伫立在被残害的大象面前，长久沉默，眼泪纵横。姚明决计行动起来，唤醒公众的良知，让大家一起来保护大象。

大自然赐人以能量。你真正和动物、和自然接触以后，你会把自己放小，明白自己不是主宰世界的人，明白万物平等的道理，人只是其中一员。想通了这些，人的欲望会平复，心态会平和，"我要怎样""我必须要怎样"不再是口头禅。人会开始思考人与自然的关系，怎么做到平衡，为了这个平衡，你可以怎样，活着的姿态会变得卑微一点。卑微一点也是正确的，现在的人们可能忘了这一点，老是惦记着人才是这个世界的主宰，以为只要我有钱，只要我有枪，就可为所欲为。我有一支矛，就要刺穿世界这个盾。

大自然有一个平衡，它是有规律的，这个世界能称之为"Law"（规律）的也只有几种。很多物种，很多现象，在这个星球上已经运转亿万年了，你用力量刻意破坏之、戕害之、灭绝之，这是多么疯狂的做法。"我最害怕的是，这一辈人的无知无畏，打破了生态平衡，而让我们的孩子去埋单。拼命地消耗自然，肆意地消灭物种，这些人想没想过，你的孩子将来还能继承什么？"

儿子4岁的时候，子雯带他去海洋馆，观摩北极熊遇到困境的短片。孩子看了，后来不断说："不要开大车，气温变暖，北极熊没地方住了。"教育是潜移默化的，作为父母，要让孩子去感受、感知，最重要的是爱。人与动物是平等的，是有联接的，"你只有对一个物种产生了爱，你才明白自己的责任是什么"。

凡是环保公益活动，如有可能，子雯必携子参加。儿子认真听讲，随后把信息传递给老师同学们。小学课堂上，老师组织小朋友们讨论人与动物的关系，"儿子提到非常专业的问题，比如栖息地如何保护、动物迁徙的特点之类的"，令老师惊愕感叹。她激赏《国家地理频道》出品的纪录片，"从双语教学的角度，我极力推荐看看这些纪录片，英语非常棒，组句非常美，不是一般的电视、电影可以比拟的"。

过去，子雯的生活多风波、多挫折。"我没有在挫折中倒下，而是在挫折中成长，让我更加有理解力、承受力。在挫折面前，我们常常只能看到事情的一面。大多数人在看到一面的时候，就开始痛苦，开始争论。但其实还有另外的一面，还没有看到。"

子雯喜欢跑步与游泳，两者都是个人而非团体运动，都是承受寂寞的运动。两者讲究调息，游泳是短呼吸，需要换气；跑步倡导长呼吸，沉入丹田。她学过太极拳，养成站桩打坐的习惯。跑步可助思考，与站桩打坐不同，跑步是动中取静，帮你清空，梳理思绪。有种跑步叫"太极跑"，有益长跑。子雯参加过长江商学院的跑步活动，暴走20余千米，获得女子组第三名。

最近，子雯倡导发起泥泞跑。泥泞跑，英文名称"Mud Run"，源于特种兵训练。比赛以"泥"为特色，在8~12千米的赛道上，全程泥泞，遍布高难障碍关卡。她的初衷是让更多的人体验运动的快乐，泥泞跑不是一个人的挑战，而是集体协作，大家一起向前冲。通过一个时尚运动，可以为公益发声筹资。

"每次我有负能量的时候，我都通过冥想释放出去。我是一个相当感性的人，敏感的人很容易被别人的情绪和能量所影响，所以必须要有控制。我感受到一些东西，一定要释放出来。比如说，我的团队某个成员今天很焦虑，他把这个信息传递给我，我也会感染，变得同样焦虑。我很快感受到，这是我的问题。我现在尽量做到不把这种焦虑再传导给别人，这不公平嘛，他们又没做错什么。"

子雯是坚强的，但在冥想的时候，偶尔会哭，一来有既往纠结情绪的释放，二来是想通了某件事，豁然开朗，泪水潸然。

学习冥想始于瑜伽，冥想不神秘，安安静静地坐着，控制身体15分钟，继之收敛思绪。在不动的基础上，如何能不乱想？或聚焦想一件事，或聚焦在呼吸上，或聆听自己身体的声音——"饿不饿，要听得到胃的需求，它会告诉你今晚想吃什么，那就去吃好了，千万不要对着干"。一次，子雯和教太极拳的师傅聊到：有时候，人的消化道紊乱，这是"心"的问题，不是肠胃的问题。想吃啥就吃啥，也许是最好的养生。你要学会与自己对话，听到身体的反应。很多时候，生病、焦虑、乱发脾气，其实是内心对自己不满的表现。朋友好奇子雯是怎么保持身材的，她说："长胖是对自我的否定，是缺乏安全感最重要的表现。对自己没有安全感，还要找到一个途径满足它，很多人选择的是暴饮暴食。"如果一个人欣赏自己，很爱自己，又何苦糟践自己的体形呢。

中国人回避、淡化身体的接触，即使在亲人之间。子雯赴美读书，临行时，父亲拥抱了她，一字一顿地说："女儿，我爱你。"这是父亲第一次拥抱她，也是至今唯一的一次。子雯与儿子很亲密，经常腻着。忽然有一天从小学回来，儿子严肃地对妈妈说："拥抱可以，但今后不准亲嘴，因为妈妈不是女朋友。妈妈当众亲我，小朋友会笑话的。"子雯哭笑不得，晚上趁儿子睡着了，狠狠亲了几下。

她的父亲曾患有抑郁，"原来觉得别人需要他，退休以后觉得没人需要他了。抑郁是一种被认知感的失去"。老人突发过心脏病，卧床病重，孙子守护，拉着老人的手："外公，你不能走，不能上月亮上去，你要看着我长大。"之前子雯告诉孩子，不要惧怕死亡，人逝后会飞向月亮。老人瞅着外孙，吧嗒吧嗒流泪，竟戒了一辈子的烟瘾。康复后老人天天锻炼身体，发愿一定看着外孙长大成人，并学会开车，常常带家人一起外出散心。

人有目标了，就不再抑郁。关键是要被认知，"只有让某人觉得他是有价值的，他才有活下去的力量"。

子雯和母亲倾吐心声：30岁以后，才知道如何做一个快乐的人，怎样对负能量保持钝感，怎样清洁自己、汲取营养。走过这个阶段，才明白最想要什么，生命中最重要的是什么。她认同台湾艺人伊能静的一段话：无论男人或女人，都不要用年龄限制，这只是一个数字概念，何时结婚，何时要孩子，也许并不重要，重要的是你在某个阶段呈现的状态如何，怎样正向影响周围的人。你的实际年龄与心理年龄不重要，关键是在爱人眼中，你多少岁。当然，爱人的感觉也取决于你的状态。

　　2013年年底，她在关岛做冥想，突然感悟："人呐，就是一个传导体。我们能做的，就是把自己Clean（清洁）成一个最透明的传导体，不管是水晶石也好，钻石也好。只有如此，你才能吸引更多的能量，传递更多的能量。但大多数时候，这个传导体都是有杂质的，都是有沉淀的，负能量郁结。那么，你就是封闭的，没法传递能量。如果你能不断地清洁自己，影响周围的几十、几百甚至成千上万的人，那么这个传导体就是一把小火炬，它能感动别人并使别人追随同样的事业。感动来自哪里？来自坚定的内心，内心最纯净的是对理想、对事业的坚持，这样最有力量感。我相信，一流的企业家与领导者都拥有此等能量。"

游戏不是负能量，我们游戏人也有世界观，而且我们的价值观并不Low。

小奥游戏李娅：游戏是娱乐，也是媒介

文/小刀崔

李娅在一次参加拓展训练时，和子雯分到一个房间同住。子雯是野生救援协会的中国首席代表，李娅问她的工作，子雯答了，李娅不知道这个公益组织，回一句："有的公益是骗人的。"

李娅的笑很有特点，她微笑的时候以手抚额，开怀大笑时双手捂眼。微信表情里，阿童木有个可爱的"幸福得无法直视"的动作，与之相像。

她是性情爽朗、心直口快的人，做事咔咔咔，从不拖泥带水。她回忆最初与子雯的相遇，笑出了眼泪："直接蹦出了那句话，其实我也蛮后悔的。"

拓展两天，子雯视李娅如同姊妹。李娅动作慢，而子雯是利索人一个，烧水倒水，提醒捎水，多少热水兑几许温水，交待得很细。"我和子雯接触多了，对公益的认识越来越深刻。同时也问了很多问题，比如怎么能够把公益传播给更多的人？怎么能够把公益爱心持久地传递下去？怎么能够在潜移默化中影响更多的人？"子雯与李娅一拍即合，最终决定在游戏的平台上做公益传播，两位长江商学院的同学联手打造了一个爆款游戏《恐龙神奇宝贝》。

　　游戏是娱乐，也是媒介。《愤怒的小鸟》《植物大战僵尸》这些热门游戏每天的下载量高达200万次。这只是在中国的下载量，放到世界，会得到更惊人的数据。李娅认为，通过游戏传播公益，"第一，可快速直达用户；第二，如果用户喜欢这款游戏，那么公益意识也会随之激活"。

　　恐龙游戏来自瑞士在线游戏公司Miniclip，这是一家全球知名游戏厂商。小奥游戏和对方谈判一年才拿到了代码，具备了条件做深度的本地化开发。2015年2月，腾讯重金控股，成为Miniclip的最大股东。回看这款游戏，当年如果不能及时完成交易，恐会与之失之交臂。

　　《恐龙神奇宝贝》是一款Q版养成游戏，玩家需要慢慢地养育恐龙，见证恐龙的约会结婚；还要雇饲养员，搭建家园，一草一木，倾注心力。此处建一大门，那里搭一拱桥，或养亚洲象，或育水犀牛，一个玩家，一处家园，不尽相同，各有创意。游戏设有社区，玩家可去串门，看看别处的风景。每个恐龙都有具专有标记，习性如何、嗜吃什么、尺寸多大、生活在哪个世纪，等等。

　　游戏嵌入公益的过程挺艰难的，"毕竟是从老外那里接过的代码，刚开始，团队的人告诉我，改不了啊姐，太深了"。游戏有自己的数值体系，喂养系统、约会系统、生宝宝系统等分门别类，已经设计成型，增加一个东西，这个体系就会被破坏。打个比方，公益与游戏是不同的树种，现在这两棵树要长在一起，游戏的树要长出公益的花，这个嫁接活大不易。子雯也说，过去有人也提过以游戏传播公益的方式，做着做着就没戏了。这是个好创意，具体做起来却有诸多技术难题。李娅鼓劲："小奥游戏是一家技术公司，执行力很强，我们来打攻坚战。"两家团队碰了5次面，商量各种细节，定了一个方案。李娅着手内部推动工作："团队的人说改不了，我坚决推行这事，改了好几个月。还推迟了上线计划两个月，惊喜的是，我们团队做成了，想想这几个月的折腾，好险啊。"

内部搞定后，开始出测试包。当小奥游戏将测试包发给各种渠道商时，他们不让上线，说游戏中有姚明呼吁保护大象的广告。小奥方面一直和渠道方沟通，解释这是公益不是广告。小奥游戏在国内的手机渠道商大概有两三百家，这款游戏测试选择了十家投放。反复沟通后，有几个渠道商勉强答应了，说"放放试试，国内还没有先例"。游戏总算磕磕绊绊地上线了。之后这款游戏的表现不俗，每天新增60万的用户。渠道方反馈，2015年8月份，国内的3万个游戏中，《恐龙神奇宝贝》冲进下载量前三甲。

游戏市场竞争异常激烈，国内每个月都有万款新游戏上线，但绝大多数在一周或24小时内迅速下线，圈里人称之为一日游、半日游，有的甚至没有机会上线，直接在内部被淘汰。能从这么惨烈的竞争中杀出来，实属不易。评价一款游戏的表现，留存率很重要，很多游戏，用户下完即删，而《恐龙神奇宝贝》的留存率很高。为此，游戏的社区专设野生救援的板块，玩家也为公益建言献策。

这次合作，在游戏方，要攀越技术的栏杆；在野生救援协会这边，"子雯也默默承受了许多压力。在全世界，公益和游戏的深度合作，这还是首例。我想说的是，游戏不是负能量，我们游戏人也有世界观，而且我们的价值观并不Low"。

小奥出品过一款《3D终极坦克2》，当时有媒体的记者找技术员聊开发，结果技术员聊了一上午世界观。记者不解，问游戏不就是玩得爽吗，咋聊到精神层面了？技术员的回答是，射击手游的核心不是技术，而是"荣誉与梦想"。

小奥做了这么多年游戏，信奉的原则与Google一样：不作恶，从来不做伤害用户的事情。现在市面上小奥的爆款游戏也有15种，打开这些游戏，映入眼帘的是：中国好游戏——小奥游戏出品。这是小奥团队对用户的承诺。

忆当初，开发的游戏只有50K大小，适配120×120的手机屏。李娅当时做美工，不是用画笔去画，而是一个像素一个像素地去点，比芝麻粒都小。

小奥游戏走过两个大弯路，其一就是切入市场太早。太早出发，不一定走得远。2004年，小奥就做过网游，当年的手机用户上网率是千分之一，项目太过超前，最终失败。"这些弯路，我们都走过，哭过，怀疑过自己许多次。"

做游戏首在取势，面临恰当的市场机会应该只做恰当的市场产品，每一次迭代对产品的要求都是不一样的。小奥的初代赛车游戏只有3M，而最近出的《3D终极狂飙5》接近50M。"变化好多，从最早的假3D模拟，到现在的真3D，紧急刹车的声音，飞车驰过扬起的尘土颗粒，都有真实感。"小奥做游戏，不是简单的代理，而是做深度开发与运营。以射击游戏为例，小奥的射击游戏分两条线，一是对抗火爆型设计，你来我往打得不亦乐乎；另外是狙击类，猫在草丛里，一动不动，开枪即中。一动一静，两种射击游戏类型服务不同的玩家。

其二，2008年，小奥做过一款全屏互动的卡牌游戏，试图同时适配JAVA、安卓、PC与TV终端，而这些终端屏幕大小各不同。这款游戏做了两年，去找页游的人谈，对方说没有任何机会；去和手游的人谈，对方也是不理睬。"我们快崩溃了，这个游戏做了两年，天天拿点维持生活的工资熬着"。最终我们发现，页游、端游、手游，每一块屏都是不同的江湖，情况各异，极少有一款游戏通吃所有的江湖，唯有专注一个终端深耕细作，才是上策。

"在中国做游戏，真的太苦了。我们公司走到今天，不像其他游戏公司，一上来就是高大上的资本运作。我们是草根，一步步爬上来的，流过血，也流过许多泪。"

在分发渠道，小奥在国内的合作伙伴有300多家，游戏出产后，额外打包几百个。这些渠道方的要求各式各样，或增添广告，或另辟社区，或内设分析系统，或加第三方登陆方式。"我们为什么要做世界的小奥，因为我一个产品，再做二三百个的包，只是为了满足渠道的需求。"而在海外发行，相对单纯，另外出一个语言包即可，这样游戏厂商获得的是一个国家的用户，不仅仅是一个渠道。

小奥出品的游戏较多，代表作有赛车类《3D终极狂飙》、射击类《全民枪神》、消除类《美人鱼消消》，现在还有宠物养成类《恐龙神奇宝贝》。李娅观察到，中国的游戏用户正趋于低龄化，儿童游戏有待细分。比如新加坡，有专门的教育游戏公司，针对儿童开发启蒙益智的产品。《恐龙神奇宝贝》希望唤醒孩子对世界万物的爱与探知，培养孩子的责任感。"喂养恐龙，就是一个尝试。如果不去照顾它，恐龙也会饿死。孩子对于死亡的认知很模糊，在现实中的体验又太残酷，不妨将其移植到游戏场景中来让孩子们获得模拟的人生体验。"

小奥对标学习的是欧洲休闲社交游戏公司King。该公司单月收入达3亿美金，而其全部员工仅160人左右。小公司的人力，独角兽的业绩，这是小奥的志向。李娅说，目前，部分小奥的员工已经调整到美国时间，因为2017年小奥计划在旧金山设立分部。

现在是一个利他主义的时代，是一个消费者体验为王的时代，是一个消费者驱动商业的时代。互联网时代的商业，是协作、联网、数据分享的形态。

陈龙：中国正处于金融的黄金时代

文/小刀崔

2014年9月19日，阿里巴巴在美国上市。开盘前，阿里巴巴的参谋长曾鸣向陈龙发来一张照片——定格在纽约地铁，说："24年前刚到美国，路过这里，现在又回来了。"

意气风发，有点像土豪宣言。

曾鸣与陈龙同出于复旦，他们是大学死党。1991年毕业季，陈龙坐火车南归故乡昆明，月台上一片离愁。火车刚刚启动，一个微胖的身影从人群中奔出，呼喊："陈龙"——这个同学是曾鸣。

曾鸣在美国读完博士，先去欧洲教学。2002年回国，是长江商学院的创办教授，讲授战略学，兼任EMBA学术主任。

后来，同窗密友相聚北京小酌，曾鸣讲了一道选择题：或在长江商学院做中国最好的教授，或去阿里巴巴干一番大事业。

陈龙被"当场雷倒了"。那年，他在美国做助理教授，距离全美最好的教授尚远，哪谈得上去企业一展襟怀？原来在当时的中国，可以解答这样迷人的选择题。2007年，曾鸣出任阿里巴巴集团副总裁、参谋长。

耶鲁大学一位教授曾用数据预测：2050年，全球股市之格局，发达国家和地区占总额的35%，中国占25%，印度占11%。中国与印度两者相加，将超过发达国家的总和，中国的资本市场定是世界资本的主战场。

"我看了张图，辞了美国的终身教职，卷起铺盖回国。我看清楚了，这是一个全球化的时代。"2010年，陈龙加入长江商学院。崛起的中国需要超一流的商学院，"我们应该回来参与这个激动人心的进程"。

陈龙毕业于加拿大多伦多大学，金融学博士，曾执教美国华盛顿大学奥林学院。初到长江商学院，他仿佛跃入转型中国的激荡洪流。"我知道我和长江商学院的学生是一体的。"长江商学院云集了中国杰出的企业家，他们志存高远，豪情满怀，这是一艘大船，满载长江人，大家一起喊着号子，互相激励，乘风破浪，共济沧海。

陈龙在"长江商学院"被称为"龙教授"。龙教授首创"金融大历史观"。有论调称，互联网金融是时代骄子，奋斗者把握这个时代的核心就可以了，不必追溯以往。龙教授说，切勿轻言一个新时代的来临，欲明互联网金融，更须熟知历史。以史为镜，可知兴衰。你能看到多久的过去，就能看到多远的未来。"我们首先需要了解金融与商业的关系，金融的本质是什么，然后再讨论互联网能给金融带来什么，互联网金融能给中国经济带来什么。"

现代金融始于银行的诞生，从支付与结算开启了自己的发展之道。15世纪末，西欧商贸繁荣，新兴商人志在打通一条新的远洋贸易航线，意大利探险家哥伦布扬帆起航。1609年荷兰成立了它的第一家银行。造船业、物流业以荷兰为中心，大宗货物经阿姆斯特丹进入欧洲。阿姆斯特丹流传着种种财富传奇，各国商人蜂拥而来，打探商业信息，购买贸易公司的股份和债券，催生了第一家证券交易所。阿姆斯特丹登顶成为17世纪世界上最大的贸易中心与金融中心。

在中国，金融发轫于山西。晋商发迹始于明末，山西巨贾为明政府提供边防军需，换得贩盐特权。1823年，日升昌票号面世，从货通天下到汇通天下，改变了中国几千年现银结算的方式。晋商兴于清代中期，横跨乾隆、道光、咸丰三朝；清后期，国运不济，时有战乱，清政府另立户部银行，山西票号遂日渐没落。

荷兰海上称霸，晋商陆地为雄。那么电商做的就是"天上的生意"，或者是"云生意"。如同贸易催生银行一样，淘宝推动支付宝的诞生。忆当年，淘宝勃兴，急需第三方支付平台，国内尚无前例，政策也不明朗。马云恰在长江商学院上总裁班，陆兆禧问做不做支付宝？马云痛下决心："做！如果我进监狱，你来送饭吧。"

贸易与支付是商业的一对孪生兄弟，频繁的贸易流通，必然有支付结算的需求。纵观历史，支付是金融最基本、最核心的功能。在商业的格局中，支付是主战场，信托、P2P（网贷）、众筹等是次战场。当支付的方式改变，商业模式就会改变。如果说，今天的金融是一部悬疑小说，高明的侦探"Follow the money"（跟着钱走），就会找到破案的关键。

2014年6月20日，陈龙去百度交流。龙教授与百度总裁李彦宏论道科技，两位大咖的观点颇多一致。金融首重支付，即是"得支付者得天下"；美国的今天不是中国的未来。美国的金融业较中国发达，反之，美国的互联网金融的创新空间冲劲不足，中国可弯道超车，在互联网金融的领域超越美国。

2014年11月，陈龙出任蚂蚁金融服务集团首席战略官。彼时，阿里巴巴的电商集团已经上市，所有的金融板块纳入没有上市的蚂蚁金服。在告别课堂上，龙教授说："亲爱的长江商学院的老师和同学们，你们问我，我为什么去远行？我们都在路上，都在远行，但我从未远离。长江商学院跳动着中国最有活力的商业脉搏，如果不曾和那么多杰出企业家切磋，就没有今天的我，我不会有勇气投入奔流中去。有人说，人这辈子应该谈一次灵魂出窍的恋爱，我没有那么贪心，我觉得能够有几次灵魂出窍的分享，就已经足够了。在长江商学院，我经历了很多这样的瞬间。因为这个经历，我的心永远都走不了。"

曾鸣、陈龙，他们同在长江商学院教学，又先后到阿里巴巴集团任高管。我们从这一代的学者身上，看到中国久违的士人精神。他们不仅在书斋耕耘，而且择时亲自犁地种田了。这样的人物，又何止曾鸣、陈龙二人。试看今天中国的诸多明星企业，不乏贯通中西、执掌帅印的学者型人才。

龙教授说："我终于明白关公为什么要在打仗的时候读书了。书到用时方恨少，打仗的时候读书，如果能够解惑，有一种深切的快感。我真喜欢一边做事一边读书的感觉。"

天下武功，唯快不破。早在2013年6月初，龙教授在长江商学院授课间隙，与同学们一起吃工作餐时，来自阿里巴巴的同学介绍了刚上线的一个产品：余额宝。余额宝上线7个月，与其合作的天弘基金的资金规模，从过去垫底的位置，力压群雄，变成行业内第一。

余额宝是2013年度互联网创新产品，或有商业银行的高管不服气：哪里是创新，余额宝不就是货币基金嘛？

互联网金融是一条鲶鱼，游在大江大海，这条鲶鱼便摇身一变成了鲸鱼。过去的传统金融，只限于银行柜台受理。在互联网上，柜台无限地放大了，随时随地可以理财。余额宝确是货币基金，投放在支付宝平台下，可触达数亿用户。

2014年11月3日，陈龙入职蚂蚁金服。11月11日，他在杭州总部亲历"双十一"的电商消费狂欢，当天淘宝、天猫成交571亿元。11月27日，陈龙陪同荷兰王后马克西玛到蚂蚁金服访问。这位美丽的荷兰王后婚前曾是银行的资深人士，现为联合国普惠金融体系的特别代表。互联网时代，金融的大门为每个人敞开着，普惠金融体系走入寻常百姓家。她倡导全民金融教育与金融信息透明度，研究穷人、普通人到底需要什么样的金融服务。在荷兰，75%的人不清楚可以拿到怎样的养老金额，退休人士也看不懂他们每个月拿到的养老金明细表，"金融知识、金融能力对于个人、对于家庭都是非常重要的"。

从古到今，小微企业真正得到金融的滋润很少，"金融业的痛点是信息不对称，我们不能责怪金融本身，一个很大的问题是没有技术支持。过去，银行为什么不给每个人发信用卡呢？因为征信、调查的成本太高了"。20世纪60年代，信用卡开始流行，其背景是计算机的普及。

马云和陈龙分享："20世纪是工业大企业时代，当今世界从IT时代进入了DT时代（数据时代）。"陈龙说："现在是一个利他主义的时代，是一个消费者体验为王的时代，是一个消费者驱动商业的时代。互联网时代的商业，是协作、联网、数据分享的形态。"

蚂蚁金服是一家技术驱动的数据公司，之所以取名"蚂蚁"，是因为其核心业务是微金融与普惠金融：百姓理财，有靠谱的理财产品；中小企业融资，有利息低的借贷渠道。"中国的金融体系是一个落后的资源体系，向精英客户倾斜，向国有企业倾斜。未来商业方向是一个小而美的趋势，普惠金融体系有非常大的前途，是有担当、有社会责任的金融。我是一个金融体系学教授，这件事意义非凡，所以才参与这样的一个过程。"金融业天然具有金融属性与公益属性两个方面，技术革命带来了重新组合这两种属性的时代机遇。

陈龙的母亲80岁了，老人家的生活有三个乐趣：养花种菜、与儿孙们微信聊天、每天看余额宝涨息多少，这是一个普通人互联网＋的生活。

陈龙在美国教书时，有个同仁是耶鲁大学的罗伯特·席勒，他是2013年诺贝尔经济学奖获得者，代表作是《金融与美好社会》。席勒教授说："金融并非为了赚钱而赚钱，它的存在是为了帮助实现社会的目标。一个好社会的重要特征是平等、信任，人人互相尊重和欣赏。"陈龙与他的金融学教授同仁们，见证了这个时代的风起云涌。

好的内容永远是稀缺的，永远是有价值的。钛媒体怎么为作者挣钱？难道仅仅靠一点稿费和广告费吗？好的内容如何去延伸？怎么靠优秀精良的内容去赚钱？这是一个可以思考，又能发挥想象力的命题。

钛妹赵何娟：媒体注定是细水长流的

文/小刀崔

她写过多篇在财经和科技领域极具分量的新闻，有人暗中唆使黑客恶意破解她的Gmail邮箱，也有人打电话给她，诺以重金撤稿，她在电话里回："你不知道我叫赵何娟吗？"

采访时，我把与赵何娟的合影转到朋友圈。马上有位中国日报的编辑点评："好姑娘，就是锐气太足了。"

我敢打赌，这位编辑没有在生活中见过赵何娟，只是在她的文章中想象一个在锐利文风里叱咤风云的作者模样。

都说，文如其人。这句话也要掰开来看。学问深时意气平，一个人在文字王国里南面称王，为文有千钧之力，但为人却有可能温和散淡。如果不是在传媒的纵横世界里遇见赵何娟，而是在一个咖啡馆里看到她，初识时会以为她就是一个邻家女孩。这个钛媒体的80后主编常常被误认为是大学生，她也会把这个小小的误会分享在朋友圈。那个时候，大家看到的是一个小女生对韶华的珍惜。

赵何娟在舒立团队工作5年半，深受胡舒立女士的言传身教的影响。舒立团队麾下的媒体，甚或有飓风海啸之势。回顾最近几年的中国大事件，第一时间发出的声音，第一手深度报道，每每来自舒立团队。

我问生活中的胡舒立是怎样的？

赵何娟说："舒立老师特别感性，很有孩子气。"

原来，最锋芒的文字来自最柔软的心。赵何娟是湖南人，她把家乡的火辣铺陈浸染在文章里，留给朋友的是湘妹子的山明水秀。

宋代词人秦观的名句："郴江幸自绕郴山，为谁流下潇湘去？"写的就是赵何娟的家乡郴州。郴江为什么要离开郴山，向潇湘流去呢？词人秦观以发问的口气，感怀境起境灭、缘聚缘散。郴州在湖南的东南端，西邻它的就是永州市。柳宗元在这里写过传世文章《永州八记》。古代郴江的水从东往西流经永州，与潇湘两支水系汇流。

赵何娟的故乡在郴州的县级市资兴。她的父母都是医生。与慈母严父不同，她的母亲刚烈直率，父亲隐忍温和。父亲兄弟三人，他是长子，且年龄远大于二叔。何娟降生，是当时家族唯一的女孩，备受宠爱。何娟喜欢电影，儿时经常去看收费的露天电影。县城有了剧院后，她又是座上客。父母虽然是普通的工薪阶层，但乐意培养闺女这个文艺爱好。那时，爸爸外出开会，也带着千金开眼界长见识。

她的祖父是位智者，藏书甚丰。何娟从爷爷那里淘得许多武侠小说，开始体会阅读的乐趣。祖父还打得一手好算盘。叔叔逗何娟："你要好好念书，爷爷可是大博士的。"

"什么博士？"

"算盘博士！"叔叔答。

2014年，赵何娟参加了母校资兴市立中学15年的同学聚会。她捧得人气奖状归，同学们一致赞她为"最聪明灵泛的女同学"。何娟当年以几乎满分的成绩考入这所当地唯一的重点中学，当时满分是700，她的成绩是690多分，可知她是学霸一个。

赵何娟赴美在哥伦比亚大学做访问学者，开始接触到美国的新媒体生态。哥大有一门"商业模式"的课程，教授先授课，后邀请媒体的负责人与学生面对面交流。当时，国内的传统媒体对新浪、搜狐等门户网站还抱有偏见，认为这不是媒体，如果有传统媒体人投身网络，往往视为不务正业。但在美国，一个博主就是一家媒体，许多集团媒体也把主战场放在网上，媒体形态的多样性令国内新闻人震撼。

回国后，赵何娟决心创立一家新媒体，最初先注册了域名：TMTPOST.com。TMT是科技、媒体、通信英文的首写字母组合，取名"钛媒体"。钛是稀有金属，晶白色，可塑性强，耐热抗腐蚀，熔点高达1 668℃，多用于航天高科技领域。钛媒体于2012年底上线，以众包的形式吸引了一批业内的优秀写手。现在钛媒体已成为国内领先的科技商业新媒体。

创业之初，赵何娟遇到一件让她伤感不已的事，她招募的第一个员工回东北老家探亲，重感冒诱发旧疾，猝然离世，"连个告别都没有"。"人生天地间，忽如远行客。"赵何娟闻讯恸哭，这位同事与她一道看着钛媒体"从无到有，一笔一画地走来"。那几天，赵何娟反复吟唱BEYOND的《光辉岁月》送别创业路上的兄弟："这是我们共同经历过的光辉岁月，以后我每年都要唱给你听。"

2013年10月，赵何娟在美国的四位编辑、记者朋友——或来自《大西洋月刊》，或来自《纽约时报》，或来自《经济学人》，或来自小镇社区报——陆续离职，一个做自由撰稿人，一个做家庭主妇，另外的直接转行。唏嘘之余，她不禁感叹："去年不理解我的朋友，今年开始理解了。创造历史的，也必将成为历史。你我都一样，今天颠覆别人，就必须做好明天被颠覆的准备。"

但赵何娟也反对简单唱衰媒体的论调，她认为网络上经常疯传的"传统媒体人自杀的悲观论调。其实都是个案吧。抑郁症已是整个社会的一个突出问题，不独属于某一个行业。媒体也没有大家想象的那样悲观。只是在大时代里，百事俱废，万物待兴。媒体注定是细水长流的，一切都才刚刚开始，勿躁"。

最近媒体圈流行"主编已死，主编要当产品经理"的观点，小刀崔就此问题与赵何娟讨论。她的回答第一次展露锋芒，她反对武断的标签化，她认为主编须有产品思维，但不一定要做产品经理。反过来，产品经理也应该有媒体思维，尤其是做媒体领域的产品。那些把两者混为一谈的人，真的知道产品经理是干嘛的吗？又知道主编是干嘛的吗？纠缠概念没有意义，"叫什么不重要，重要的是做什么"。

148

过去湖南卫视的《我是歌手》热播，一些成名的歌手回到竞技赛制的舞台，抛下名气的光环，重新用声音感动观众。赵何娟说，为什么不能做一档《我是记者》的栏目？在一个全媒体、泛媒体和自媒体的时代，更应该呼唤新闻的专业主义。

赵何娟在这次采访中，透露了钛媒体的选稿标准：首重专业性，拒绝口水文，反对荷尔蒙式的写作；观点明确，有信服的证据与严密的逻辑支撑；对某个公司、事件或现象的完整梳理，为读者提供思考观察的依据；真实的故事，切身的感受。不怕角度小，就怕泛泛而谈，越具体越好，比如针对性地写一个软件的设计过程与理念。

现在，有部分新媒体或自媒体靠收保护费来挣钱，几个公司打架，无良写手推波助澜。这是钛媒体所不屑、所不齿的。"好的内容永远是稀缺的，永远是有价值的。钛媒体怎么为作者挣钱？难道仅仅靠一点稿费和广告费吗？好的内容如何去延伸？怎么靠优秀精良的内容去赚钱？这是一个可以思考，又能发挥想象力的命题。"

钛媒体与华谊兄弟影视合作，开启了媒体跨界与影视公司合作的先河。赵何娟是电影迷，她敏感地感到"中国缺少科技题材的电影"。时下又是一个移动时代，互联网世界风起云涌。一个大时代，怎么可以没有与之匹配的好电影呢？钛媒体拥有业内众多科技写手，可以引导他们在新闻之外的影视领域进行创作。

不能为了赚钱而赚钱，生意不是做的，而是生出来的。

路妍：我想把这壶绿茶沏到刚刚好

文/小刀崔

路妍的微信头像是一个太极图。我无法把这个黑白的太极图与绿茶餐厅的创始人联系起来，我想探究这背后的缘由。

那天上午，她刚刚从上海飞到北京，匆匆赶到酒店的大堂接受采访。牛仔裤，帆布鞋，素面朝天，头发略蓬松。她一手抓过一只抱枕，一手持叉扎住一片苹果，说："中医、中餐、《易经》都是老祖宗留下的宝贝，越传统，越时尚，传统里有中国人心灵的归宿。"

路妍幼年生活在东北吉林，常随奶奶到大山里采药。奶奶是一个赤脚医生，没有读过太多医书，但似乎与天地相通。村里人有家务纠纷或烦心事，每每找到奶奶倾诉。奶奶安详地听着，听毕，细语慢言与村人交代几句，村人便微笑释然。奶奶挽挽袖子，继续干活，全然不为刚才的纷乱所扰。奶奶带孙女到山里挖川贝，奶奶告诫，只取公川贝，留存母川贝。铲了开花的母川贝，就违了万物生长的理儿。

姥姥担挑卖豆腐，总会带葱或酱赠与乡亲。童年，虽然寒苦，但是祖辈的人顺应天地轮回，总有法子把日子过得绵长有味。爷爷耳顺之年，始有孙女路妍，自然对她倍加宠爱。春暖花开，树叶还未繁茂，爷爷遍寻山野找鸟巢，给予孙女营养。路妍几乎吃过大山里所有的鸟蛋，小的如鹌鹑蛋，大的如鸭蛋。爸爸进山打猎，常有斩获，捎来不重样的野味。幼年，煮米用山泉，装一大锅用柴烧，满屋溢香。彼时的猪肉，生肉片切开，即有香气。随便一根黄瓜，一株蘑菇，皆鲜美多味。

15岁，路妍离开吉林到大连寻亲，之后在一家舞蹈团当学徒工。舅舅家在岛上，常吃鲍鱼、海参、生蚝、海蛎子，一网撒下去，天天吃巨鲜的野生鱼。"我真的吃过山珍海味，还不花钱。后来到了城市，哇！这么一个东西几百块，我们那里石头缝一翻开都是啊。"

路妍边打工边学民族舞。相对于口福，学舞遭的罪如同承受清朝的十大酷刑。"天不亮起来练功，正腿、旁腿、偏盖腿、后腿轮番踢，我现在给你说，你没概念。早晨踢500次腿是很辛苦的事儿，巨疼、超级疼，你没有办法体会到的那种疼。别人都是童子功，我是15岁硬撕出来的。男孩原地飞脚35个，我最多打过70个。我用两年的时间练了别人四年的功夫。"家境不好，路妍才会中途学舞。姐姐出来谋生，供弟弟读书，一个月挣270元。

路妍经常对朋友建议，如果生女儿，一定要学舞蹈。你的模样可以装扮，但你的形体、气质、精气神需要锻炼。

舞蹈之旨在于隐忍。"你一定要学会忍耐与控制。"路妍指了指额头："我们那时候控制腿就放在这里，两分钟哎！然后是后腿从肩膀后面抱着，一分钟呐！那60秒滴滴答答在心里作响。老师拿着藤条在旁监督着，你疼你吧嗒吧嗒掉眼泪也没用，必须咬牙等着老师喊停才可以。学舞，可以把一个人的意志训练得特别顽强。"用功深了就是用心，用心足了才会长进。两年后，她在团里当上主力，时逢西湖博览会，随团从大连来到杭州演出。

25岁，路妍借钱筹备自己的事业，留在杭州开了绿茶青年旅馆。这简易的旅馆有几张桌子，兼为客人供餐。地点在特偏僻的灵隐寺路31号，环绕树林，孤零零的一个房子。"我想这一辈子都跳不成杨丽萍老师那样了，但还要养家糊口呢。"后来，许多顾客赞叹"绿茶"俩字起得有文化，路妍率性地说："哎呀哪有啊，就是旅馆前面有一片茶园。"

借钱闯路，没日没夜地干活，十指纤纤的舞蹈演员如今成了厨娘，路妍的母亲心疼女儿："用功学了10年舞蹈，没有留在舞台上。真想不到你天天在这里洗盘子洗碗。"

懵懂创业，开店的时候尚不知营业执照一说。有人来查，质问你开张你有执照吗？路妍无辜地晃脑袋："什么执照啊，不知道啊。"又被告知："你一定要办执照。"路妍弱弱地问："哥，你能告诉我去哪儿办吗？"

那年"五一"长假，杭州天气湿冷。旅馆在假期的第一批客人来自上海，几位小伙伴游杭州，偏逢凉雨霏霏，爬山时被兜头淋湿发起了高烧，歇住青年宾馆四天。"我不是小时候跟着奶奶挖草药嘛，知道些医理。"路妍沉浸在往事中，她理了理发鬟，双手击

152

掌："这几个小孩就是湿了，寒气入侵，马上！路姐开始用上医理了。"她每晚煮姜汤，一一敲门送去。她认为每一个客人都是衣食父母，珍惜得很。

春去夏至，绿茶青年宾馆爆棚，多是上海人。路妍纳闷，问来客这么找到这里的？原来，"五一"爬山的那批游客，其中一位是《申报》的记者，回沪后撰写游记提及绿茶青年宾馆，写道："这里有一只狗，有一位不像老板娘的小女生……"

用心不是刻意用力，无心插柳，偶有机缘便会柳成荫。2008年，路妍正式开了绿茶餐厅。绿茶是年轻人的餐厅。"我打小是这样一路过来的，我可以体会到年轻人那种有钱没钱为钱犯愁的感觉。但不管怎样，来绿茶吃饭是件特有面儿的事。每个年轻人，大学毕业后，哪怕月薪两千，也吃得起绿茶。"

我问路妍，为什么年轻人喜欢以吃货自居？有的人对美食甚至有宗教般的热情，不惜在雾霾天穿越一座城市去吃某种美味。

路妍反问：没觉得吃是一件很幸福的事吗？比如说一个女孩子失恋了，她也许会放纵自己的胃口吃大餐。现代人压力大，忙碌且浮躁，许多人在寻找归宿感。什么可以迅速提升幸福感？美食其一，运动其二，美食比跑步还来得快。美食是一条寻根、寻找幸福感的奇妙之旅。一个人的口味往往曝光了他的老家在哪里。在客居的都市里，大家通过饕餮，抚慰流逝匆匆的时光；在美味女神的指引下，穿越回到故乡与童年；或频频举杯陶然引醉，却把异乡当故乡。

路妍认为《易经》与中餐都是世界文化遗产，好吃的东西全天下的人都是认可的。她来长江商学院学习，就是希望把中餐带出国门。

她不解：为什么中餐在国外做得那么难吃？过去，中国人移民海外，不见得每个人都会做菜。在异国他乡，开个中餐厅，只是无奈的过渡，谋生而已，不是专业开餐厅的。路妍在美国，自己下厨实验一把，滋味与在中国尝到的无异。所以不是食材的问题，不是水土的问题，核心的问题是会不会、用不用心。"不能为了赚钱而赚钱，生意不是做的，而是生出来的。"

在大众点评上，许多顾客夸绿茶的菜有家常的味道。其实这些菜品就是来自家常，它们或是婆婆的煲汤，或是小叔家的拿手菜，路妍请亲人到店里将烹饪方法授予厨师。餐厅的主打菜，老板路妍都会做。为什么这样做，菜的精髓是什么，她都了然于胸。她经常跑到后厨，招呼员工：哎，宝贝，帮姐怎么怎么着。他们吐吐舌头，讶异什么情况啊，觉得这老板够性情的。

"白鹿""外婆家""海底捞"与"西贝莜面"，这四家餐厅是当下中餐连锁的翘楚，也是绿茶的榜样。"看到他们，我觉得中餐走向世界挺有希望的。"中餐国际化，先要解决标准化的问题。绿茶在探索机器人炒菜等前沿技术。

众所周知，餐饮业是劳动力密集产业。科技时代，机器或可担当后厨主力。为什么现在还没有机器人做中餐的例子？不是机器人不会，而是西方人不懂中餐，自然无法开发烹饪中餐的程序。未来需要专业的中餐从业者，来操控机器人工作。

绿茶餐厅有回请一些美国人尝菜，其中有道菜是绿茶鱼饼，其做法是把鱼肉鱼骨头粉碎了，沾上面粉过油炸一下，外脆里嫩，佐以葱花。那次，一道寻常的中国菜，震住了美国人，纷纷赞其美味。老外大多不吃鱼，不吃的原因很简单，竟然是不会吐骨头。说到根上，就是一个做法问题。

路妍有一次失败的美食体验。朋友曾引荐她到法国的一家百年老店，站着排队一小时才等到号。坐下来，侍者送来一块牛排，一堆土豆条，一碟沙拉。路妍左顾右看，还在等菜，侍者摊手说没了。她大跌眼镜，觉得欧洲的美食神话不过如此。在吃这件事上，他们太不幸福了。

餐饮是体验式消费，除了美味，还有环境。创业初期，同行有意垄断市场，与圈里的设计师签约，不准他们与绿茶合作。"没人敢接我们的单子，充其量只能找人画画图纸，软装设计都是我和先生的想法。把我们逼成了这样。"

绿茶餐厅的灯是路妍的代表作，粉红色的灯罩，配以老旧的橡木，光线不明亮，但柔和。在光线的处理上，须洞察人心。比如，去商场试衣服，当时感到很搭很靓，回家了就觉得不对了。这是光的因素。都市里，女生外出吃饭，或约男友或携闺蜜，很在乎今天妆如何、气色怎么样。餐厅如果是直射的白光，会给客人以压力。

环境即是场景，中国的美是婉约含蓄的美，空间上讲究曲径通幽，你看不到太多的人，但又隐约听到人语响。一个人不孤单，两个人有情调，一堆朋友聚也很热闹。身在绿茶餐厅，你常常会瞥见隔壁屏风闪过一角裙裾，听到高跟鞋的声音由远及近而来。

开餐厅的讲究，说浅了是菜的酸甜苦辣，说深了是对人性的理解。每个创业者，尤其是女性老板，都是大数据专家。你要明白顾客要什么，才能创造一个快乐放松的消费场景。路妍和先生满世界跑，在英国的古堡看到一个鹿角灯，拍图后回国交付香港的设计师制作，陈列在餐厅。"设计也是混搭的艺术，全世界看，看完了，你把好的东西有序地拼在一起，这就是设计。所有的创造就是智慧的凝聚。"说到这里，路妍一手托腮，露出甜美的笑："牛吧，千万不要崇拜我哦。"

路妍笃信万物有灵且美，一座房子有它的灵魂，那是建筑师缜密的思想；一碟美食有它的灵魂，那是大厨精湛的技艺。

她是爱书人，觉得书有书魂。她说，看一本书，敏锐的人可以"嗅"到他的书魂——路妍亲昵地把书叫作"他"，用爱、珍惜、投入感情的方式去阅读一本书。一年内，四季更迭，可能没有太多阅读时间。但每看一本书，就应该去非常透彻地理解书的内涵。

路妍钟爱台版书，她到台湾的诚品书店淘书，收藏李宗盛出品的吉他。她说，台版书是繁体竖排，刚开始不习惯，要多看几遍，然后看着看着就沉醉了，越看越迷恋，人与书、与字有种奇妙的衔接。她经常把一个字拆下来来读，把偏旁部首一一分解，咀嚼其中的隽永。她常说，书中的文字是活的，你如果爱"他"的话，他就溢满激情。如果不爱的话，他就会枯萎凋零。

2015年11月底，台湾诚品书店正式落户苏州，其中就有绿茶餐厅的牵线引进之功。我问，如果把全国的绿茶餐厅比作一壶绿茶，水温、茶色、器皿、滋味如何？

路妍十指交叉，沉思须臾，说："中餐有固定的参数，但也有变数。水为母，器皿为父。我曾对照三种水，八马的水、农夫山泉与虎跑泉的山泉，硬度各不相同。一个地域的餐厅，和当地的水土有关，我想做到每家餐厅都能入乡随俗。绿茶餐厅缺的还是时间的沉淀。绿茶是奢侈品，也是艺术品，我想把这壶绿茶泡到刚刚好。"

本来这里就是一个长期贫困的地方，这些年来为了治理生态，退牧还林，牛羊不能再放养在草原上，只能圈养在村子周围。甚至传统畜牧业所饲养的牛羊，因为是食草动物而逐渐被限制，政府开始提倡农民养鸡、养猪、养兔子。而县里曾经有过一些小型的工厂，如毛纺厂、皮革厂、地毯厂，也因为会产生污染而被关闭。

风沙净处

文/沈威风

后来，我们开玩笑地把从北京到河北省张家口尚义县的那3个多小时的路程，称为中国最适合自驾游的公路。

那是一个周末的中午，北京的天气很差，阴霾包裹着这个巨大的城市，能见度低得令人郁闷。八达岭高速出京方向，在收费站附近堵得一塌糊涂，短短一两千米的路程，花了我们一个小时的时间。在经过居庸关的时候，不知道是不是山间的气候向来便是如此，四周涌上浓雾，天空顿时下起雨来，前车被雨雾掩去了形状，只有两盏微弱的尾灯在不停地闪烁……

冲出居庸关之后，一路上逐渐晴朗起来，高速公路上的汽车也渐渐稀少。公路修得非常好，在很长的一段时间里，我们都没有意识到汽车其实一直在爬坡。等进入张石高速（张家口至石家庄），路上常常只有我们一辆车在行驶，路面平滑如镜，标志线崭新雪白，能让人放纵眼神极目远眺的能见度让人怀疑这条路会将我们一直带到世界的尽头。

还好，路的尽头是一段省道二级公路。去尚义县的必经之路在一个三岔路口，没有明显的路牌标志，极容易走错。我们看到远处的蒙古包，下车问路。

一下车，扑面而来的久违的清新空气一下子钻到肺里去了。草原上刚刚下过一场雨，路面已经干了，两旁的树叶在阳光下闪闪发光，天上的云层还没有散去，阳光穿过云的缝隙，变成一道道的光束射下来。山顶上矗立着无数巨大的风车，连绵不绝。

我当时只想说，这儿太美了。

一

这里也是草原，名字也叫坝上。

可是坝上草原这个名字，对于北京人而言，却专指河北承德的那一个。那里旅游开发做得早，这个季节正是旺季，周末去承德的高速公路上被京字头车牌的汽车塞得满满的，草原上已经建满了数不清的农家乐和宾馆，当地人带个路都开价100块。

"我们这里是坝头，承德是坝尾。"当地人说，语气模糊得让我摸不清楚他们对于承德究竟有没有嫉妒的情绪，反正在后来无数次的交谈中，他们所有人都很注意地在言语中强调，那是承德坝上，这里是张家口坝上。

我忍不住问，你们为什么不搞旅游？承德坝上有的东西，你们都有，无非是清新的空气，碧绿的草原。当然，听说承德的草原更广为人知是因为气候原因，那里的降雨量比这边大，所以草长得更好一些。可是，你们还有这漫山遍野的风车——这东西我一直以为要到遥远的荷兰或者达坂城才能看到。

尚义县政府的工作人员反问我："你希望我们这里搞成和承德一样吗？"

面对这个问题，我只能摇头。即便只是一个普通的游客，我们也会希望自己看到的都是原生态的东西。如果哪天我下了车，抬起头，需要将目光穿过层层叠叠的山庄和宾馆，然后再看到远处从云层中透射过来的阳光打在山顶上的风车叶片上，我想我大概不会说，"这里太美了"。

"所以，我们要做高端的旅游，至少要吸引中产阶级以上的人群到这里来消费。"他总结说，"不能对旅游资源进行过度的开发"。

我必须承认，这位工作人员保护资源的意识比我想象中更强。原以为，像这样的国家级贫困县，不论是县领导还是普通群众，对于脱贫致富都有着极度的渴望，而这种渴望，可能会让他们把周围的一切视作资源去利用，而不是去保护。

当然，我有些怀疑他所说的这种高端旅游的开发，对于这个贫困县来说，会不会太过高瞻远瞩而变得不现实和没有操作性。

这个位于河北省西北部的县，西南与山西接壤，西北与内蒙古接壤，在历史上也曾经被划归内蒙古管辖。直到如今，这里依然蒙汉混居，当地人说话还带着难懂的内蒙古口音，待客的时候也会端上一杯又香又咸的奶茶。这里平均海拔1 600米，全县人口不到20万，官方资料上说这里矿产资源丰富、气候独特。可是，这个三省交界之处至今是国家级贫困县。

在现在的中国，最美的地方往往就是最穷的地方；而最穷的地方，只要我们不深入到当地人真实的居住环境里去，只在远处观望，也就往往只能看到美丽的一面。尚义县也是如此。

只要你不走进农民的家里去，你就会觉得这里美得像一个童话世界。天高云淡，空气清新，青草的味道香甜得令人迷醉。地势起伏的草原上，零落地散布着一些小小的村庄，一排排赭红色的房子在草原上格外醒目，远处巨大的白色风车在缓缓地转动……

但是你不能走到近处。这些村庄很小，村里的道路泥泞不堪，每一栋房子都一模一样，外人根本无法分辨其中的区别。一到村口就能闻到一股刺鼻的臭味，据说是因为要执行退耕还林、退牧还林的政策，在这个以传统畜牧业为主的地方，人们只能把牛羊圈养到村子的周围。公路两旁甚至连一家修车补胎的铺子也见不到，偶尔能看到房门口的树上拴着一头孤零零的奶牛，睁着两只湿漉漉的眼睛淡定地看着汽车飞驰而过。

那个小小的县城也平庸得乏善可陈。最热闹的一条商业街的两旁都是小店铺，大多是服装店和小饭馆，街道被卖水果和卖蔬菜的小摊贩占了一半，汽车要从人群和电动车中间穿过去是一个很艰难的任务。县城最高档的宾馆，我不认为它能达到三星的标准。

这个地方，显然还不具备发展高端旅游的能力。

而且，尚义县的地理位置有天然的缺陷。"来尚义县的话，对旅游的客人来说，每年的'五一'有点早，天气还冷。"尚义县一个私人牧场的当家人说。

原籍此地的他，也是几年前才由北京搬回这边定居。这个牧场最适合在夏季的时候请熟悉的朋友过来聚聚。牧场养了几匹马、十几条狗和200多只羊，也雇用了十几个工人。

他说这里的冬天很长，雪很大，几个月的时间什么都做不了，每天看着兔子在白茫茫的雪野上出没，还要支付高昂的取暖费用。不过，这个私人牧场还是启发了尚义县开发旅游的另一条思路——"让北京人拥有自己的私人牧场。"

二

尚义县的穷，是有历史原因的。

这里的平均降雨量一年大约在300~400毫米，承德坝上的年平均降雨量则超过500毫米。这一两百毫米降雨量的差别，产生了截然不同的结果。承德水草丰美、牛羊肥硕，在清代甚至成了皇家狩猎场。而尚义则成了干旱地带，在漫长的岁月里，这里荒无人烟，一直到明末清初的时候，才终于有人在这里定居。

这个人还是一个从西班牙远道而来的传教士。他在这里建了一座教堂，把教堂附近的土地划为教产。那时从山西方向迁移过来的人们路过此地，传教士便以允许他们租种土地为条件，希望他们能够入教。就这样，终于有了尚义县。

然而这里的生存环境依然恶劣，民国时期，在尚义县境内流传着这样一首歌谣——《坝上咏春》："一阵风来一阵沙，行走千里无人家。初冬未到冰先结，老死不见桃杏花。"

　　20世纪五六十年代，在中苏关系紧张的时候，这一带成为军事战略要地。内蒙古的二连浩特被当作抵挡苏联入侵的第一道防线；第二道防线，就是坝上的野狐岭。就因为这个原因，尚义一直没有对外开放。一直到1988年，才开始了有限度的开放；而全面的开放，则一直等到了21世纪。

　　除了曾经作为军事屏障外，这里在北京的西北方，也就是上风上水的位置。用专业一点的话说，尚义县处在新西伯利亚和蒙古国冷高压南下的必由风道。1979年3月6日，人民日报发表由新华社记者穆青策划，黄正根、李忠诚、傅上伦、李一功撰写的记者来信《风沙紧逼北京城》。文章这样描述当时北京春天的景象："在北京，大风一起，大街小巷尘土飞扬，扑面而来的风沙吹得人睁不开眼……白昼如同黄昏。"这篇文章第一次报道了侵袭首都的沙尘暴问题，引起国内外的广泛关注。当时的专家经过检测之后，发现覆盖了天安门城楼厚厚一层的黄土中，那些栗钙土就来自于河北尚义县。

　　从此，尚义县展开了大规模的植树造林、防沙治沙的工程。目的只有一个，就是改善这里的生态环境，为北京输送清风绿水。

　　经过20年的努力，尚义的生态环境得到了明显的改善，草原沙化的现象得到了控制，除了内蒙古策源地来的沙尘暴还会途经这里袭向北京之外，这里每年所经历的沙尘暴比以前有明显减少。

　　"我们为北京做出了牺牲。"当地人说。

这话其实让人听了很心酸。本来这里就是一个长期贫困的地方，这些年来为了治理生态，退牧还林，牛羊不能再放养在草原上，只能圈养在村子周围。甚至传统畜牧业所饲养的牛羊，因为是食草动物而逐渐被限制，政府开始提倡农民养鸡、养猪、养兔子。而县里曾经有过一些小型的工厂，如毛纺厂、皮革厂、地毯厂，也因为会产生污染而被关闭。

"我们县没有工业。"尚义县的工作人员说。

我再三问，"一点都没有？"

"一点都没有。"回答无比肯定。

还有退耕还林，原本全县大约4亿平方米的耕地，现在已经退耕还林将近2亿平方米。庄稼和粮食变成了草地和树林。我很好奇，农民们怎么生活。因为没有工业，仅靠县城的一点服务业，根本提供不了多少就业机会。这个人口19万的小县城，常住人口大概只有14万，有5万青壮劳动力都到外地打工去了。或许这也是为什么在路边偶尔会看到的农田里，我看到包着头巾蹲在田里劳作的，大部分都是女人。

对了，还有漫长严酷的冬季。这里的冬天极其寒冷，雪季很长，农民们基本上只能关在家里，无所事事。

这个地方，有足够的理由大声说，他们为北京做了巨大的牺牲。

三

然而，在这个时代，无论如何都要讲发展。

可这个"北京上风上水之地"的经济该如何发展，还曾经引发不少争论。有人建议把它建成一个绿色的屏障，也就是生态立县，种树、种菜、种草，多好。问题是，生活在这块土地上的人，应该为280千米之外的首都，继续牺牲下去，继续这样贫困下去吗？

我在尚义见到了几个县政府的工作人员，他们都是土生土长的当地人。2006年的时候，尚义县一年的财政收入，只有3 700百万元。

他们每个人都记得小时候那极其艰苦的生活。尤其是风，他们深受其害。我们去的时候正值夏季，是风最小的时候，所以感觉凉风习习，十分舒适。可是在其他季节，风就不再这么宜人了，"人被吹得倒着走，草地上的羊被风卷着就飞走了"。

后来有一位在国家电力机关工作的局长，他是尚义县人，一直建议自己的家乡利用风力，建设风能企业。其实早在1995年，隔壁的张北县便已经在风力发电上做出尝试，在那里建了一个很小型的风力发电站，只有0.95万千瓦的发电能力，纯粹试验性质。

风电企业真正开始进入这个地区是在2002年。国华来得最早，在草原上树起了细高细高的测风杆。结果发现，尚义县2 632平方千米的土地，在70米的高度，最差的风速是每秒6.1米，最好的风速能达到8.7米/秒，也就是说全县几乎每一块地方，都具备风力资源。

在这之后，电力企业蜂拥而来。到目前为止，一共有11家公司与尚义县政府签订了风电开发协议，包括9家大的国企和央企，2家民企。国电、华能等国内5大电力集团公司全部到齐。据介绍说，尚义县的风电总开发规模预计为500万千瓦，总投资高达490个亿。

"国电和国华做得比较早，已经并网60.8万千瓦，年底最少能并网85.8万千瓦。"一位工作人员说。他是学马列主义哲学的，如今讲起风电，各项数字流水样从嘴里报出来，如数家珍。当然，他也算是赶上了好时候，从2006年到2011年，5年时间里，尚义县的财政收入终于突破了一亿元。

县里所有的人提起这一点，都兴高采烈的。毫无疑问，这个数字中，风电企业的贡献是极大的——其实可以更大一些。尚义县如今的风能发电，占了张家口市的一半，整个河北省的1/3，发展速度极快，已经形成了规模效应。"虽然比不上达坂城的规模，但是作为一个县来说，在全国也都是领先的。"

国华在这里建成了国内最大的单体风电厂，发电量达到18.3万千瓦，同时于2009年6月22日在尚义县国华满井风电场建成了河北省风能、太阳能发电互补示范区。该项目总投资2 400万元，采用20kW风力发电加20kW太阳能发电相结合的互补模式。

这个示范区的存在，是因为除了风能之外，地处内蒙古高原的尚义县太阳能资源也非常丰富，该地区冬春日照时间短，但风力强劲；夏秋风力较弱，但光照充足；白天日照充足时风速相对较小，夜晚没有日照时风速相对较大。风能、太阳能发电互补项目将风电和光电整合利用——白天利用太阳能，晚上利用风能，实现24小时运营，从而确保了不同时间、不同季节供电的均衡。

这个光能发电厂的位置就在国华中控楼的附近。和漫山遍野毫无遮挡的风机不同的是，几十块太阳能光板以各个角度射向天空，铁栅栏将它们围在一个区域里。工作人员拒绝了我们进去参观的要求，他们说，这不安全。

这里的一切都很安静，不同于传统发电厂热火朝天的工作场景。放眼望去，没有人影，风车缓慢地转动着，据说转一圈，就能发一度电，一小时能发电1 500千瓦。就这样一台风机，一年能赚200

万元。甚至，一台风机的发电量就超过了我们眼前那一群充满高科技感的、占地面积颇大的光能发电场厂。

然而，风电的到来，除了给政府的财政收入带来不菲的提升之外，对于当地农民的生活，似乎没有引起太多的改变。风电厂不需要征用太多土地，实际上，那些巨大的风车占地面积不大。风车立起来后，把土盖回去，在它的脚底下依然能种蔬菜、土豆。而这些高科技的发电站，也用不着太多的工作人员，一个中控楼里工作的员工不超过20个，而且对技术的水平要求很高。因此，这些企业并不能给当地解决就业问题。

四

令人惊讶的是，这个每年有五个月温度在零下的地区，有许多农民还是"离土不离乡"地成了工人。

我们见到老张的时候，他正带着他的女儿，背着手慢慢地从田埂走过来。这是一个100万平方米的生菜生产基地，这里种出来的生菜，2008年的时候成了奥运菜，2010年的时候，则成了世博特供菜。

在十几年前工业项目全部下马之后，尚义县就成了一个纯粹的农业县，除了坝上最负盛名的羊肉之外，这里的土豆、玉米和蔬菜的质量也非常高。因为这里海拔高，日照时间长，空气无污染，最适合种植绿色蔬菜。的确，在来到这里之前，我从不知道玉米可以如此香甜。

于是，像青岛浩丰公司这样的企业开始在尚义建种植基地。

他们租下农民的土地，再进行灌溉系统的改造。尚义县这些年一直在推广从以色列引进的膜下滴灌节水技术，将蔬菜的根茎用薄膜覆盖，形成一个自然循环的系统，水汽在根茎部位蒸发之后，在薄膜的阻挡下形成水滴，再次滴落回根茎。这一套说起来颇为复杂的技术，在现场看起来，不过就是田间铺满了输水的软管，而一颗颗生菜则好像是从黑色薄膜上破土而出一般。

在水窖地上建一套这样的系统，每平方米大概花费0.75块钱，政府出一半的钱，企业出一半的钱。背着手走过来的老张就是看管这100万平方米种植基地的灌溉情况的管理员——这个职位只有两个人轮班。

他说，活也不累，就是时刻溜达着，看看哪里的水管有没有漏水，薄膜有没有异样。他家的地不是水窖地，不过也租给了浩丰，租金便宜一些。水窖地每平方米一年的租金是0.45块钱，而他的沙地的租金是水窖地的一半。不过这份管理员的工作给他带来了一天50块钱的收入，虽然一年只有几个月的工作时间，但是老张已经很满意了。

浩丰的加工车间里有几十个工人，一车车从地里收上来的生菜被卡车运进来，经过一道道的工序，最后变成个头匀称可爱的生菜。再用保鲜膜包起来，装进包装盒里——最后，它们出现在麦当劳和肯德基的沙拉里、汉堡上。

马经理在我拿着相机好奇地在生菜堆里钻来钻去的时候，就已经站在一旁注意我了。因为有县里宣传部的人陪同，所以他并没有阻止我的走动。而我注意到他，是因为他比当地农民更加黝黑的肤色和一口标准得多的普通话。

他告诉我，青岛浩丰是肯德基和麦当劳这两家国际餐饮巨头公司在中国最大的生菜供应商，两大巨头每日所需生菜的50%以上由浩丰公司供应；新加坡市场上的生菜，80%以上来自浩丰公司基地。

生菜种植品种单一，市场需求狭小而技术要求高，生菜食法多为直接入口，对品相、品质、口感等要求高，尤其是品相，多数生菜叶子上存有病斑，处理起来相当麻烦。作为典型的叶菜，在大田里露天生长，整个过程经过风吹雨淋日晒，要确保其不出现干边、枯叶、病斑、虫眼，又不能有农药残留，田间管理技术难度非常高。

这件吃力不讨好的事，让他的老板——青岛浩丰的董事长马铁民做成了一门好生意。如今，浩丰公司已在福建、上海、西安、山东、河北5个省市发展了标准化结球生菜基地11处，面积达400万平方米，年销售收入1.2亿元。

马经理说，生菜有生长周期，而每个地区因为地理环境、气候环境的不同，能够种植的时间也不一样。"福建基地是12月至3月，上海、西安是4月和11月，山东是5月和10月，河北是6月至9月，刚好实现全年365天供应。"他说，"收完这里的生菜，我就要到福建去种了"。

我问他，这些地方哪里种出来的生菜最好吃？

原本没有打算听到答案，可是马经理毫不犹豫地说："就是这里的最好。空气好，没有污染。"

青岛浩丰只是一个外来的企业，当地人也开始在农业上想起了招数。没有了工业是很遗憾，可是这块光照强烈且无污染的土地，却是这个年代更加稀缺的东西，如果能利用这个优势，未必不能找出一条新的发展道路来。

除了蔬菜，这里还盛产玉米和土豆。在一条坑坑洼洼的公路边，我见到一个普通的院子，院墙上用蓝色的油漆刷着两句标语："当薯业照进梦想，把土豆变成金豆。"

陈九霖说企业与理想

业为人下人，何惧被非人。立志再做人，来日人上人。

陈久霖到陈九霖：从一代枭雄到和蔼中年的背后

文/陆新之

中国商业史上向来不乏"老将出山"，但没有一次老将出山会惊起这般波澜。

2010年6月12日，陈久霖应邀在北京大学为100多名总裁进行了一场《上市与并购实战回顾》的演讲。在记者问及他的工作时，他做了低调的回应；6月14日，葛洲坝公司网站上贴出了陈久霖的照片：原来陈已出任中国葛洲坝集团国际工程有限公司副总经理。不过，公司网站在介绍陈的时候，将他的名字换成了陈九霖……

"久霖"还是"九霖"

针对陈九霖使用新的名字，有人认为他是改名复出，曲线回归"国家队"；有人说这是他刻意的安排，目的是避免社会的关注，是"割舍"的危机处理方式。更有些媒体出现直接引言，说是陈九霖找其喊冤，并亲口对"本刊""本报"如何、如何说之类。但经详查，除了新浪网的记者在北大现场采访过陈九霖并有视频为证之外，陈九霖自2009年1月20日回国后没有接受过任何其他记者的采访。

笔者2003年就认识陈九霖了。我很早就已经注意到了，他在入狱之前发手机短信给我时偶尔也会用"九霖"落款。到过陈九霖家乡的人还会发现，在他母亲的墓碑上，陈九霖作为长子所使用的名字正是"陈九霖"3个字。这个墓碑是2005年年中树立的。知情人说，陈九霖使用现名与其恢复公职完全没有关系。他从过去的陈久霖变成现在的陈九霖，大概与其凤凰涅槃的决心和信心有关。

陈九霖的一个好友对此给了这么一个证明：2005年年初，陈九霖保释在外参观新加坡博物馆时，一个老太太见到他，请他签名。陈九霖在那个老太太提供的一张报纸上，用毛笔随意地写了这么一首诗："业为人下人，何惧被非人。立志再做人，来日人上人！"

自从他2009年回国的第一天起，就有数十家媒体追着采访他挖料。但是，他不接受任何记者采访。

在北大演讲时，陈九霖也流露出超然脱俗、不顾外界干扰的心态。当听众问他如何看待媒体和网民对他的评价时，他即兴回答说："我理解他们，因为他们不了解事实真相。"

回国后，在唯一的一次接受新浪视频采访的时候，他充满激情地表示：尽管我失败了，社会上有这样那样的评价与看法，但是，"我从来没有放弃我的理想，只是调整我的做事方式和寻找新的成功的方法。我特别赞赏这样的一句话：'不为失败找借口，只为成功找方法'！"

我想，这就是陈九霖真实心情的写照。

从一代枭雄到和蔼中年

大多数人对于陈九霖的印象，都来自于他在中国航油辉煌时期的双排扣西装、有些霸气的CEO打扮。而今，在历经沧桑巨变之后，日常生活之中的陈九霖已经是一个慈眉善目的和蔼中年人了，与几年前的枭雄形象判若两人。

这并非陈九霖本质发生了改变，而是其凤凰涅槃之后沉稳与内敛的内心表现。

曾几何时，陈九霖的确是一位成功的企业家。他所主管的中国航油（新加坡）公司，在短短6年时间内，在异域打拼遭遇亚洲金融危机的情况下，由两个人、21.9万美元起家的休眠企业，迅速扭亏为赢，成为一个净资产1.5亿美元的国际上市公司。企业净资产是他接手经营时的852倍，市值是国家原始投资的5 022倍。

在新加坡工作期间和此前的一段时期，陈九霖主导和参与了10多个大型石油企业的组建与并购，包括香港新机场供油公司、与壳牌合资的天津国际石油储运公司、与英国石油合资的蓝天航油公司等。其中，2002年7月收购的CLH公司年均收益率达到40.89%（如果考虑资本运作的因素，回报率则高达614%）；当年7月，陈九霖又强力推动公司以3.7亿元人民币收购上海浦东机场油料公司33%的股权，该项目至今仍然是中国航油（新加坡）公司最主要的利润来源。

尽管出现了重大亏损，重组后的中国航油，按市值计算依然是新加坡最大的中资企业；按营业额计算，至今还是新加坡第四大上市公司。公司亏损的债务，都是利用陈九霖创业时的投资项目回报所支付的。国家在重组时投入的资金成了公司资产。巴林银行亏损之后，轰然倒闭。而中国航油亏损之后，却依然屹立。

2004年，在中国航油期权亏损事发之后，当时的舆论几乎一边倒地指责陈九霖，许多说法缺乏事实依据，大多是以讹传讹。举例说，诉讼时候，案情披露期权贸易是交易员纪瑞德和卡尔玛两人操作的，有些媒体却搞错说是陈九霖亲自操作期权；案情披露挪盘是根据高盛等专业机构和交易员等专业人员的建议，有的媒体却误指陈九霖豪赌；明知售卖股票拯救公司是法人行为，有的媒体却误控陈九霖自己卖股票，搞局内人交易……

面对那种黑云压城城欲摧的不利环境，不时有人建议陈九霖控告进行捏造和歪曲的媒体。然而，陈九霖却泰然以对。他甚至在新加坡协助调查的时候，写下了"墙倒众人推，既倒不怕推。日后垒铜墙，欢迎大家推"的打油诗句。

见过陈九霖并与之交谈过的朋友，普遍对他的遭遇持同情态度。即使他坐了新加坡的牢狱，也没有更多的理由苛责他。事实上，陈九霖并未涉及侵占、挪用财产和破坏社会市场经济秩序等经济犯罪。仔细研究新加坡法庭对他的指控，没有哪一项是因为他个人的不良品行，都是因企业行为而引起的，或者说是在危机时为了保护股东利益而引起的。即使在公司运营中出现决策失误，陈九霖主观上并没有个人犯罪动机。更重要的是，作为国家干部，陈九霖一直是拿工资的，年报上公布的千万元年薪，根据惯例，也进不到他的个人腰包。他既不是富豪，也不算是有钱人，就是驻海外的国企之中的一个厅级干部。至于案件的内情，牵涉衍生品交易，所以当时法庭上控辩双方都激烈陈词，相关的文件加起来有一人多高。但是有一点可以确认，无论是衍生品交易还是最后的挪盘以及出售旧股，都不是他一个人决定的，在有些关键事情上，他甚至不是决策者。

中国航油石油期货事件发生后，明知凶多吉少，他没有像在新加坡亲自操盘而搞垮巴林银行的交易员尼克·利森那样逃走与躲避，而是主动面对。事件发生后，他两度回国。第一次是被调回国内工作，而且当时他的母亲生病卧床；第二次是回国为母亲奔丧。他每次都有充分的理由和机会拒绝返回新加坡。然而，他没有让新加坡当局难堪，依然两次返回新加坡协助调查，最终坐牢1 035天。中新两国没有引渡条约。陈九霖也没有因个人行为犯罪。可以设想，如果他只顾自保，留在国内，两国政府会为他一人的遣返或引渡进行多长时间和多么艰难的外交交涉？如果陈九霖坚持留在国内，政府能够因为公司亏损（而非个人犯罪）接受新加坡的引渡要求吗？如果不接受，国际社会又会怎么看待中国政府？从这个角度来说，陈九霖多少有着避免出现国际僵局、牺牲自我的担当。难怪他在离开机场前往新加坡协助调查时，对来送行的朋友吟出那首豪迈的打油诗："风萧萧兮易水寒，壮士一去不复还。人生终有不归路，何必计较长与短！"

陈九霖复出任职央企高管后，内地有些舆论评价说，陈九霖是"犯罪坐牢"的人，因此不能担任国企高管职务。其实，这里大有可以讨论的余地。权威法学家认为，"根据主权原则，新加坡法院根据其国内法对陈九霖在新加坡的行为所做的判决，并不必然在中国直接产生效力。"因此，陈九霖的复出任职并不存在法律障碍，也没有违反《中华人民共和国公司法》和《中华人民共和国企业国有资产法》的有关规定。而且，对于新加坡对陈九霖的判决，有知名法学家提出过疑问。比如说，以他回答德意志银行的一次口头提问就认定他欺骗该银行；在需要董事会全体董事签名才能披露的情况下，指控陈九霖个人隐瞒亏损，其法律依据与合理性都值得商榷。因此，以新加坡法院所做出的判决为根据，认定陈九霖在中国复出任职有法律上的缺陷，恐怕是不能成立的。有人因为中国航油出现过亏损，就认为陈九霖永远不可任用。这种分析也未免有点迂腐，中性地说，是只见树木不见森林。要知道，在陈九霖案件上，还有多少内幕和真相不为人知呢？

陈九霖在清华大学法学院攻读民商法专业博士学位时，指导教师是我国民法泰斗马俊驹教授。马教授曾经多次表示，陈九霖的学习成绩优良，"他是我最为满意的学生之一"。"陈九霖也是一个十分坚强和好学上进的人。他承受了许多常人难以忍受的痛苦，但他仍然乐观正向。我每次见到他，都见他脸上堆满了笑容，没有任何抱怨，就好像从未发生过牢狱之灾一样。"

陈九霖复出后，和他接触的商界人士和投资者很多。有希望他协助上市与并购的民营企业；有希望他主理中国业务的外资公司；

也有愿意帮他组建数十亿基金的国内外资本。甚至还在他坐牢的时候，便有国际和国内知名企业到监狱请他出狱后加盟。这些企业按市场运作，都承诺给予他极高的薪酬与股权回报。而陈九霖没有接受高薪聘请，选择了继续为国企服务。

陈九霖深感当年中国航油的学费不能白交，尤其是目睹近年多家国企在石油衍生品交易方面重蹈中国航油的覆辙，屡次出现大问题吃大亏，他才不回避自己的过往，以亲身经验、从战略高度来向社会献策。因此，陈九霖利用其经营石油企业多年的经验，为中国石油战略与安全一连撰写了《中国需要建立完善石油金融体系》《我国应牵头建立OPIC》和《我国应该建立石油集散中心》等3篇研究报告。他的研究成果甚至得到了国内有关领导和韩国总统顾问千晟焕教授等国际人士的重视。

有人盲目地说，陈九霖坐牢回国后还能担任央企高管，这种事只有在中国才能做得到。这其实不符合事实。麦凯恩在越战中被俘并被关押了5年半，出狱后担任美国的资深议员，成为2008年总统候选人，还曾被列入"美国最具影响力的25人"之一。陈九霖错了，但他已经承担了责任，他的家人也因此受到牵连。如今担任央企高管，却招来一些指责，这恐怕不是用一个简单的"国情不同"的说法便能解释的。

穷人孩子早立志

陈九霖的父亲陈遂祥曾经当过公社书记（类似于现在的乡、

镇委书记），因此，比起同村其他大多数普通的农民家庭而言，他的家庭环境算是稍好一点儿。但是，由于农村医疗条件差，他的父母先后生育过6个孩子，最终仅留下他本人、1个妹妹和1个弟弟，一共3个孩子。因为三兄妹都要上学，所以，陈家的日子一直很艰难。

穷则思变。像大多数农民的孩子一样，要想改变命运，读书是唯一的途径。常常挂在陈九霖父母嘴边的一句话便是："穷莫丢书，富莫丢猪。"或许是受到家庭崇尚教育的影响，或许是天性使然，陈九霖从小就喜欢读书，对《三字经》《昔时贤文》之类的书在刚上小学时便倒背如流。从初中接触英语课程后，他尤其爱好学习英语。进了大学后，他也是修的双外语：除了英语之外，一年半后即开始学越南语。

1982年是陈九霖人生转折的一个重要年份。那一年，在经过了短短几个月的恶补之后，他不仅一举考上了大学，还被北京大学的东方学系录取。这在当时陈九霖身处的环境之中，是一件非常了不起的事。陈九霖离开农村去北京上学那天，全村人以及周围村子的乡亲们都为他送行。村民们自发购买的鞭炮燃放了近一个小时，连绵不断的爆竹声，一直把他从家里送到了几里外的小镇——竹瓦镇。陈九霖在那里乘坐长途汽车到200千米外的武汉，再从武汉转乘火车到北京。他离开湖北老家的那一步，也就是他悲喜人生的关键一步。

在2003年，陈九霖回忆起在北京大学的求学生涯，依然充满激情。他印象之中，那时候的北大学生各色人物都有。有年龄大的，也有年轻的；有社会经历丰富的，也有不谙世事的。但总体上讲，学生的素质很高，思维也很活跃。除了高素质老师们的课堂教学外，当时很多名师泰斗在北大做演讲，陈鼓应、杨振宁、朱光潜、陈岱孙、冯友兰、季羡林、王力等大师的演讲他都听过，受益匪浅。学校图书馆的巨大藏书量，也给他提供了很多的阅读选择。学校里社团活动很丰富，每学期开学时，"三角地"的"百团大战"绝对是北大一道亮丽的风景线。

据同学介绍，陈九霖在学校算是"调皮"的，绝对不是那种安分守己的学生。他的成绩属于中等，不拔尖，也不落后。但是，陈九霖在学校里面已经意识到，不能死读书，对事物要有自己的见解。他观察到，坚持独立思考的师兄师姐们，最后比死读书的学生更有作为。大概自那时候起，陈九霖就已经对自己的未来人生有所规划了——希望做点事业出来。

1987年，陈九霖大学毕业。当年12月1日，陈九霖几经周折，来到了民航北京管理局报到上班。后来，民航北京管理局分家、重组，分成民航北京管理局、中国国际航空公司和北京首都机场管理当局。而陈九霖在航空系统和航油系统的事业也一步步渐入佳境。

狱中两次流泪

1996年11月16日，陈九霖被中国航油集团正式任命为新加坡中航油（新加坡）公司——后来的中国航油（新加坡）公司总经理。夏秀兰任总经理助理；董事会成员除集团的高管——董事长胡有清外，还有2名董事：陈九霖和严家范。严先生是新加坡人（根据新加坡公司法规定，公司董事会必须有一名新加坡本地人任董事）。当时，国家批给的启动资金是60万新加坡元，但在这样那样的体制约束下，实际汇出的仅有48.6万新加坡元（折合21.9万美元，按当时汇率约150万人民币）。除掉租房和办公用品外，所剩无几。连办公室都是借用的。陈九霖就是在这个基础上起家的。

有航油集团的老领导们曾激动地对我说，没有陈九霖就没有航油系统唯一的上市公司。然而，公司出现了亏损之后，几乎是他一人承担了全部责任，并且遭遇牢狱之灾。

入狱后，陈九霖体重由入狱之前的86千克下降到出狱后的68千克。在狱中，他不仅吃得很差，还一度睡在水泥地上。最后几经周折，才申请来一个硬塑料"床"，并且经过层层批准最终才找到几个硬纸盒作为"床"垫，以避免塑料床的中部塌陷下去。

陈九霖回国之后，每次和朋友谈起这些，往往是闻者动容，而他却谈笑自若。没有人听过他埋怨，也没有人见过他哀伤。

当然，他也承认，他有过两次悲伤流泪的时候。一次是2008年春节，他在狱中，已上初中的儿子由北京飞去新加坡，专门看他。父子相聚，在20分钟的时间里，本来陈九霖是想多安慰一下儿子，没想到儿子却反过来安慰他。也就是那一次，陈九霖事先已经向监狱方请求，希望能够多延续几分钟的访谈时间。狱方答应多给5分钟，不料到最后，看守人员还是粗暴地提醒会面时间已到，催父子分开。懂事的儿子依依不舍地离开，陈九霖把难过藏在了心里。回到囚室时，才放声大哭一场。

另一次，则是在他母亲去世时，他本想尽快回到国内奔丧，可经历多番周折，直到他母亲入土为安之后陈九霖才得以归国。母亲的离世加上这个悲痛的插曲让陈九霖伤心至极，止不住在母亲坟前放声大哭。

后记

对于外界的噪音，陈九霖的朋友说，他不会像别的名人那样说"好烦、好烦"。正好相反，陈九霖能够在闹中取静，坐看云卷云舒，继续做他应该做的事情。陈九霖有一句口头禅："时间会冲刷一切；时间会解释一切！"

一个网友送给陈九霖一幅模仿毛主席字体的字，上面内容为毛主席的诗："暮色苍茫看劲松，乱云飞渡仍从容。天生一个仙人洞，无限风光在险峰。"陈九霖对此爱不释手，大概是因为这首诗反映了陈九霖的心境和他应对嘈杂的心态吧。

国企改革的核心，应该是去行政化。实实在在要把企业当作企业来办。要发挥市场在资源分配中的决定性作用。

我曾是石油行业的龙头公司的"打工皇帝"

文/陈九霖

1997年，我带着21.9万美元，到新加坡去创业，实际上就相当于用现在的150万人民币起家，帮助中国航油新加坡公司还清债务之后，逐步将其打造成新加坡的一个石油、能源企业，成为新加坡第四大上市公司。从营业收入来看，它至今仍然是海外最大的中资企业。不过，2004年的一次重大亏损事件，我承担了最主要的责任。

选择担当，留下遗憾

2004年12月5日，我接到新加坡当局通过航油集团发给我的一个函件，请我返回新加坡协助调查。事实上我是可以不去的，因为我已经离开那里了，而且也意识到当时返回新加坡是凶多吉少。

我离开中国返回新加坡的时候，我妈妈是第六次中风。我返回新加坡之前，回到老家与她告别。我跪在我妈妈面前，我说妈妈，我忠孝不能两全。到新加坡之后，天人两隔。我妈妈在我被新加坡控制期间，离开了人世。

决策失误，是轻信了下属，还是轻信了组织？

没有在最佳时期把关斩仓，这是事后反思出来的，当年犯下的一个很重大的失误。第二个方面，就是在后期的危机处理方面，当时我的上级机构承诺对公司进行拯救，认为拯救是一个最佳的办法，母子公司在这方面也达成了一致。但是到后期，也就是在拯救了50天之后，上级放弃了原定的方案，账面的亏损变成了事实，形成了后来的实际的亏损。

扰乱新加坡金融秩序？莫须有！

后来发生的事件证明，我当时的判断出现了重大的失误。事后证明，新加坡的这种判决实际上有巨大的政治倾向。我觉得在这个事件过程中，我有商业判断上的失误，我只应该从商业的角度来承担我应该承受的。至于说牢狱之灾，至于说新加坡当局强加给我的所谓恶意扰乱新加坡金融秩序的这种说法，那是莫须有的罪名，那是商业事件政治化。

新加坡的监牢是以惩罚为主，它的一些做法是不人道的。我也看到很多囚犯，因为受到不公正的待遇，自杀的有，打抱不平的也有，自我沉沦的也有很多。没有自由，又不能运动，连个说话的人都没有。这种苦难，没有蹲过监牢的人是很难想象的。

领导一句话让我释然

回国之后，有比较高层的领导接见我，接见我时第一句话就讲，九霖你受委屈了。我觉得，我虽受了一些苦难，但这句话已经足够让我解脱。

返回央企，一是我自己有一个央企的情结。第二，对回归央企，你说是镀金也好，你说是漂白也好，你说是一种证明也好，我觉得对未来的发展都是必需的。

我觉得国企改革的核心，应该是去行政化。实实在在要把企业当作企业来办。要发挥市场在资源分配中的决定性作用。

努力摆脱过去的负面影响

我的特长，就在投资和能源这两个领域。在中央企业，坦率地讲，到了60岁，无论身体多么健康，无论你多么有价值，你也得退休。与其等到那个时候退休然后无所事事，倒不如我早一点出来在社会上打拼。

搞任何企业，困难总是伴随着整个过程的，约瑟投资也是一样。譬如说有的投资人，他们认为既然新加坡当局做出了判决，就总有他的道理，所以在这个方面，他们显得有一些犹豫。甚至有那么个别的投资人，在把资金投给我之后，还来问很多的情况，对当年的那个中国航油事件纠结不已。尽管我心里已经放下了，但是他们还没有放下。

我的梦想：买下一个能源帝国

中国是世界上最大的石油进口国，也是世界第二大石油消耗国。建立好石油期货市场，直到能够打造中国价格的时候，我们的话语权就会有所提高，话语权提高意味着我们成本的降低，意味着我们石油或者是能源的安全程度的提高。

实际上混合所有制改革，目前还是步履维艰。如果说（石油领域）有（准入）机会，我觉得我不会放弃这个机会，只要有朝一日，政策上能够放得开，能够实实在在地允许将各类有竞争力的所有制形式纳入国有企业的改革中来，我觉得我应该是有我的优势的。

未来我会做出一个有特色的投资控股公司，在能源领域做出一片蓝海，做出一个有爆发性的事业来。当年一个（杂志）封面人物，就提到陈九霖买了一个石油帝国。那么今天，如果再有这么一个封面杂志，可以改成陈九霖买了个能源帝国。

> 当时有媒体讲到，陈九霖为何不自杀谢罪，我立即予以反击，我说自杀不是承担责任的表现，恰恰是不负责任、没有担当的表现。

谈责任与担当太沉重

文/陈九霖

我感到，责任和担当是一个很沉重的话题，因为我觉得，无论是一个人还是一个企业，有担当和责任是一个底线。

也有很多名人讲到责任和担当的内容。比如维克多·弗兰克曾经讲过，能够尽责是人类存在最重要的本质；丘吉尔说过，高尚、伟大的代价就是责任。中国新闻社、中国新闻周刊关于企业社会责任的命题已经搞了11届，我们也看到它起到了很积极的作用。但是，实际情况是不是有一个根本性的转变呢？因为有暴利，所以去杀非洲大象，去取象牙，还有非常严重的雾霾，这都是我们不履行责任的后果。

我们走的路，经常挖了铺，铺了挖，这是履行责任吗？企业有多少人承担责任，又有多少人是因为不想承担责任而跑路了？我们再想，有一些企业或个人签了责任书之后，毁约没有？我遇到过很多这样的事，甚至有的企业连定金都交了，最后还毁约，这种事情到现在还是比比皆是。因此我说，谈责任与担当太沉重。

当然，我不是站在道德的制高点谈这个问题。作为一个商人，一个曾经有过辉煌，又曾经落魄，现在又东山再起的商人，我想分享我的故事，来谈谈如何践行社会责任。

第一个故事，是我在2004年9月30日到2004年12月1日的经历。大家知道当前的油价从100多美元一桶降到40多美元一桶，有多少做石油的企业因此遭受亏损。2004年我遇到一个比这更惨的时期，当时油价在一年内从20多美元一桶涨到50美元一桶、60美元一桶。当时我们做了石油衍生品，油价一下子把我们企业的账面亏损推到了一个历史高度。其实在此之前，美国的高盛给我们做过咨询，提供过书面的预案，说我们的财务能力能够承受今后若干年的油价波动，而事实上并非如此。

我记得，当时我在韩国度假，突然接到一个通知，油价大幅度波动，企业出现严重的账面亏损。于是我放弃度假，从韩国赶回新加坡。了解情况之后，我发现这个事情确实很难解决。有人说这个事情不是我个人的责任，我现在可以立刻辞掉CEO的职务，让其他人接手。我想过，但是没有做，我认为男子汉大丈夫不应该被当前的困难压倒。我从韩国回来的第一件事就是召集公司有关负责人开会，但是这个事情不是那么容易处理的。当时我的心情很难平静，想砸破玻璃跳楼，但是我没有那么做，我认为那是不负责任的。当时有媒体讲到陈九霖为何不自杀谢罪的时候，我立即予以反击。我说自杀不是承担责任的表现，恰恰是不负责任、没有担当的表现。

这件事情之后，我每天只睡三个多小时，来回奔波解决这个问题。但不是所有事情都是可以解决的，就像有人说的，有时候是宿命，我的宿命让我承担这个责任。最后，我以牺牲自己的方式来承担了这个责任。

第二个故事，是我在2004年12月5日到12月8日的经历。新加坡的事情发生之后，国内高层对此进行了一个充分的了解，认为陈九霖本人没有谋求个人私利，甚至国务院国资委后来给新加坡法庭写过一封信，提到陈九霖在这个事件中所做的一切工作都是为了减少损失，都是为了维护全体股东的切身利益。因此，国家把我调回国内，继续从事中国航油集团分管方面的工作。12月5日，我接到新加坡方面的通知，要求我返回新加坡协助调查。这时候我的心情非常不平静，也有很多人给我提出了合理的建议。其中有一个新加坡的富商给我打电话说，你千万不要回来，回来是凶多吉少，你可以请求中国政府和新加坡政府来协调这个事情，上面解决好这个事情以后你再返回新加坡。

当时如果我不回新加坡，新加坡会冻结我在全球的银行账户，不过我只是一个拿工资的人，也没有多少钱，不回新加坡对我来讲代价不是太大。

而且，当时我母亲是第六次中风躺在病床上，已经奄奄一息。我新加坡的朋友告诉我，可以以这个理由不返回新加坡。但是我没有这么做，我认为这是不负责任的表现，如果不回去协助调查，这个事情很难在短期内得到解决。因此我还是毅然决然地返回新加坡，去承担一个男子汉应该承担的责任。

返回新加坡之前，我先到武汉，因为要看望我的母亲。在机场，我看到很多媒体写陈九霖应该承担责任的时候，我写了一首打油诗：纵有千千罪，我心坦然对。竭忠为大众，失误当自悔。我在飞机上看到很多记者坐在我后面，跟随着我。美国《华尔街日报》的记者甚至提前赶到我老家。

回家以后，我什么事情都没有讲，只是跪在母亲的面前，说："妈妈对不起，忠孝不能两全，我只好回到新加坡，把新加坡的事情做好之后，再回来全心全意伺候您。希望您多活一些时间，等待儿子归来。"这时候全村的人围在病床前哭喊着，我爸爸说："你回去吧，家里的事情我来处理。"于是，我坦然地回到新加坡。

没想到，到了新加坡之后，12月8日凌晨，我还没有接受调查就被逮捕了。我问逮捕我的警员为什么？他说去问他的上级。然后我向他要他上级的电话。他说对不起，没有。我让他给我看逮捕证，他说没有，我只好配合。所以我在新加坡遭受了很长的羁押。

"树欲静而风不止，子欲养而亲不待。"就在我被羁押期间，传来噩耗，我妈妈离开了人世。这时候我没有什么能做的，只好买来纸钱，买来香，跪在地上给遥远的妈妈烧香、烧纸钱。同时我请求新加坡当局及时放我奔丧。中国政府说新加坡应该基于人道主义让我回去，但是新加坡方面提出了很多这样那样的事情，10多天后才正式批准我回国奔丧。那时候天气非常炎热，我的妈妈已经入土为安。我回来之后，只能跪在我妈妈的相片前痛哭一番，其他的我什么也做不了。所以为了承担责任我付出了巨大的代价。

我离开新加坡返回中国的时候，中国政府有关方面为我提供了上千万的资金做担保。很多人说，陈九霖你可以不回去了，因为担保的资金不是你本人的钱。而且到现在为止，也没有查出你有什么问题，你不要去承担那个责任。我可以这么做，但是我最终还是选择回去。在我离开武汉机场去新加坡的时候，我修改了一首古诗来形容当时的心情——"风萧萧兮易水寒，壮士一去不复还。人人都有不归路，何须计较长与短！"我为了承担责任把生命抛在了脑后。

讲到这里，我没有更多要说的了。我觉得，这是我应该做的事情，这不是一个道德高尚的人才该做的，而是一个普通人、一个商人应该做的。

我想起了老子的两句话，一句是"天下皆知美之为美，斯恶已；皆知善之为善，斯不善已"。意思是说，天下人都知道美之所以为美，那是由于有丑陋的存在。都知道善之所以为善，那是因为有恶的存在。另一句是"大道废，有仁义；智慧出，有大伪；六亲不和，有孝慈；国家昏乱，有忠臣"。意思是说，大道被废弃了，才有提倡仁义的需要；聪明智巧的现象出现了，伪诈才盛行一时；家庭出现了纠纷，才能显示出孝与慈；国家陷于混乱，才能出现忠臣。

鲁迅曾经写道："渡尽劫波兄弟在，相逢一笑泯恩仇。"我最后想借此说的是："渡尽劫波兄弟在，相逢一笑守初心！"

外界给巴菲特冠以"股神"称号，其实是对巴菲特的曲解，也是对他智慧的片面认识。

"股神"是对巴菲特的曲解

文/陈九霖

2015年5月1日，我前往位于美国内布拉斯加州、人口不足40万的奥马哈小镇，参加巴菲特旗下公司伯克希尔·哈撒韦公司第50次股东年会。

十五六年前，我还在新加坡工作时，中国航油战略投资部主任曾炜就常常在我面前提及沃伦·巴菲特。

他和许多人一样，称巴菲特为"股神"。记得有一次，他甚至对我说："陈总，总有一天，你会成为巴菲特式的人物。"我那时无知，并不了解巴菲特是何方神圣，我只是埋头展开国际大笔并购，希望像当时《中国企业家》杂志描写我的一篇封面人物文章中所说，"买来个石油帝国"。

因此，即使是成为"神"，我也不希望变成一个"炒股票"的人。后来，在我更多地了解巴菲特之后，才发现他并不是大众眼中顶礼膜拜的"神"，更不单单是一个股票交易员，而是一个值得终身学习与敬重的人。

当天的股东大会从早上八点半开始，一直持续到下午三点半。除了播放宣传片和午餐外，会议的主要内容还是85岁的巴菲特先生以及他的终身搭档——91岁的查理·芒格先生回答股东和其他与会者的提问。

会议一结束，巴菲特和芒格就不顾劳累，径直走到我们等候的209小会议室，小范围地和我们交流。

我坐在第一排，巴菲特和芒格坐在我的对面。交谈后，我们合影留念。当我将我的新书《地狱归来》送给巴菲特时，他亲笔给我写了一封贺函，并表示他期待《地狱归来》英文版问世。一旁的芒格先生还特意摆好了姿势示意我拿着《地狱归来》与他合影留念。

在我近距离接触过巴菲特后，我了解到巴菲特并不喜欢别人称他为"股神"。不仅如此，在我当面聆听过他的人生经历后，我越发感到，外界给巴菲特冠以"股神"称号，其实是对巴菲特的曲解，也是对他智慧的片面认识。

称巴菲特为"股神"的言外之意，是把巴菲特只看成是一个"炒股票"的，同时，也认为巴菲特今天的成功有"神"一样的运气。

事实上，这与巴菲特的实际情况大相径庭。他不仅仅在二级市场买卖股票，也有投资并购。比如，我此次访问的伯克希尔·哈撒韦的全资子公司——商业资讯公司（Business Wire），就是巴菲特于2006年与原股东直接谈判而达成的并购交易的成果。

我问公司CEO当年的并购过程，得到的回答是，那次交易非常简单：Business Wire的原股东年事已高，希望脱手，而巴菲特又看中了公司充足的现金流。于是，买卖双方一拍即合，似乎少了很多外界揣测的你来我往的拉锯谈判情况。

此外，我还参观考察过被巴菲特并购的内布拉斯加家具商场。接待人员解释说，巴菲特看中了公司当时的规模，双方仅仅签署了一页纸的协议就完成了整个并购。而这个6 000万美元的交易竟然是巴菲特当时最大的并购交易。除此之外，巴菲特还拥有5家保险公司，他还亲自经营纺织厂十几年。所以，巴菲特实际上是"三位一体"：投资人+企业家+保险家。

现如今，更多人看到的都是巴菲特功成名就的一面，却忽略了他艰苦创业的经历。深入了解巴菲特的人生经历才知道，他小时候送过报纸，买卖过土地，做过弹子球机的生意。而他进行股票买卖则是受其做股票经纪人的父亲的影响（他的父亲后来经由竞选担任过参议员和众议员）。

似乎很少有人关注巴菲特成功背后的轨迹。值得注意的是，他50岁时的财富是1亿美元，55岁时为1.5亿美元，直到2008年才达到628亿美元，一举成为世界首富。所以说，巴菲特今天的财富是厚积薄发，逐步积累起来的。

在这次股东大会上，巴菲特用"滚雪球"来形容他今天的财富和其他成就的过程。

他说："伯克希尔·哈撒韦公司的商业模式并不担心别人复制，

因为它是长期而艰难地发展起来的。很多人等不了那么久的时间。"

其实，巴菲特除了一开始就受其恩师的影响而自始至终地坚持价值投资理念外，他的商业模式也是经过不断摸索与完善的。他曾经很长时间把伯克希尔·哈撒韦公司当作一家纺织厂来经营，只是在经营过程中发现了机会才将公司逐步发展成现在的投资控股集团。

今天的伯克希尔·哈撒韦公司资金充裕，每天账上资金高达200多亿美元。

但在创业初期，巴菲特也像现在的其他"创客"一样，曾四处募集资金，并屡遭挫折。1957年，他还只是在为几个亲戚朋友打理区区30万美元。当年，在泌尿科医生埃德温·戴维斯等5个主要合伙人的帮助下他才拿到50万美元的创业资金，其中，戴维斯医生拿出了10万美元。1960年，他又在心脏医生威廉·安格尔的帮助下，通过多次演讲，进行今天我们所说的"众筹"，取得了11名医生的资金。

巴菲特也曾遭遇多次重大投资失败，他在第50次股东年会上举例说，他用股票收购过的一家英国公司，就曾损失了60亿美元。他也曾经历过几次股市下跌而导致的重大账面亏损。

"神"是《圣经》中的形象。依据《圣经》，人是神的受造物，人不可能成为神，人只能信仰神、敬畏神。诚实地说，我不希望巴菲特是"神"，因为我要向巴菲特学习，期盼有朝一日成为他那样的人。巴菲特对我说，他也不想别人把他视为"神"，他希望他的精神能得以传承，甚至青出于蓝而胜于蓝。

巴菲特告诉我，他最崇拜的人是美国钢铁大王卡耐基，他尤其喜欢卡耐基的一句名言："人生最大的失败就是死后依然留有几百万美元的财富。"

因此，巴菲特四处演讲，并爱好写作，散布财富。他在用实际行动践行佛教的"财布施、言布施、法布施"与传经送宝之道，虽然他并没有佛教倾向。

巴菲特的智慧与人格魅力使其在全世界拥有万千拥趸，我也是其中之一。但在我看来，学习巴菲特不能东施效颦，而是要学习他的精神内涵；不是学习达到他的财富高度，而是要学习触及甚至延伸他的思想深度。

除了在"术"的层面上学习巴菲特的"价值投资"理念、"长期持守"原则、不断完善的"股票投资+实业并购+保险金融"的商业模式外，还要在"道"的层面上学习巴菲特的"滚雪球"的心力、不畏艰苦坚持创业的毅力、保持专注做到极致的作风、反哺社会的精神。

最后却也最重要的是，创业也好为人也罢，我们都要耐得住寂寞、孤独与冷落。这个世界上，几乎90%以上的人都只看到眼前利益，不会憧憬未来的风景，殊不知，巴菲特是熬过了多年的清苦才最终达到今日的成就。

在股东年会上，我还观察到的一个细节是，即使在如此隆重的50周年股东大会上，人们还是习惯把目光仅仅集中在巴菲特身上，却忽视了仅次于巴菲特的查理·芒格。但熟知巴菲特的人应该了解，没有芒格就不会有今天的巴菲特。但大会上很少有人向芒格提问。他始终被冷落在巴菲特的光环之外。

在209会议室小范围会面结束后，代表团成员也都向巴菲特蜂拥而去。但这一次，我选择走向芒格，去打破他的孤独。

其实，我内心想，如果有另一个巴菲特值得我去辅佐，我宁愿去"享受"芒格的孤寂。

很久以后，不知道褚时健是不是还会留在人们的记忆之中，会不会进入未来的教科书或者励志书籍。但是，他有着和范蠡、胡雪岩相似的人生，那就是他们都有过辉煌，也都遭遇挫折。

我眼中的褚时健

文/陈九霖

1999年，我在中国航油（新加坡）股份有限公司工作，有一天和时任中国驻新加坡大使馆公使衔商务参赞董松根一起运动健身时，董参赞突然发出一声感叹，告诉我云南玉溪卷烟厂（红塔集团）董事长褚时健被捕的消息。

褚时健将一个濒临破产的小卷烟厂发展为一年利税300多亿元的行业巨头，最终却因为私分了"小金库"的钱，落到被判处无期徒刑的下场。董参赞感叹说："一个人做了10件好事，功劳再大，哪怕有1件事情做得不对，也会落得如此不堪的下场。人生的悲哀莫过于此。你不做事情，可能一辈子顺风顺水；但你一做事情，就有可能犯错。10件事情9件光辉，却也不足以抹去1个阴影。"

董参赞当时说的这句话，并没有引起我太大的共鸣。那时的我年轻气盛，可谓"初生牛犊不怕虎"。但是，褚时健这个名字却牢牢地被我铭记在心。

没想到5年之后，也就是2004年10月，正是我的事业顺风顺水在向更高的山峰攀登之时，人生却发生了重大变故，类似于褚时健事件的波折也发生在了我的身上。

2012年，在我告别26年央企生涯独自创业时，恰逢"褚橙"通过互联网销往各地大卖之时。我比褚老年轻33岁，他从辉煌到跌倒，再到从国企出来自己做企业，终于又东山再起。虽然我们遭遇波折的起因有所差别，但褚老经历的这三个阶段跟我的经历却有着惊人的相似之处。所以，很早我就萌生了带着"朝圣"的心理去拜访褚老的想法。

在我的人生中，不少事情都应了"心想事成"这个成语。比如说，我曾经非常想去拜会沃伦·巴菲特先生，后来终于达成了心愿。对于拜见褚时健先生也是一样，在2015年中秋节前，我的老朋友，信诺传播的曹秀华董事长突然给我打了一个电话。她说："九霖哥，中秋之夜，要不要去云南，和褚老爷子见个面？如果愿意，就带着夫人一起，去褚老爷子家过中秋。"我欣然同意。

中秋之夜，在褚时健先生位于玉溪的别墅里，我们与褚老共进晚餐。在褚老看完《新闻联播》之后，他与我聊起了当年的"中国航油事件"。他说，那个事件他至今还记得，在当时是个轰动全球的事情。褚老还对我说："你受了不少苦啊！"后来，他又询问我离开央企后创办北京约瑟投资有限公司的情况。我与褚老相谈甚欢，也感觉相见恨晚。

2015年农历八月十六的晚上，在褚橙庄园，我与褚橙庄园董事长、褚老的夫人马静芬女士也聊得非常投机，我们谈到了企业的发展、公司资本运作等内容。她对我说："我家老头子对你印象深刻，他对当年'中国航油事件'也非常了解。"

9月29日，在我们一行离开褚橙庄园的时候，马静芬女士早早起来为我们送行，并单独和我聊了很久。我们进一步谈到企业直接融资和间接融资等问题。在我的印象里，在此次拜访褚老的11人中，只有两个人与褚老有直接交流，而我是两人中与褚老交流时间最长的那一位。由于我那几天特意早起晚睡，我也是唯一逛遍了860多万平方米褚橙庄园的人。

李敖说："其文五百年不朽；其人一千年不朽。"在中国历史上，商人如天上的繁星、海边的沙子一样多，但真正能名垂青史的并不多。让我记忆比较深刻的有两个：一个是帮助越王勾践复国的范蠡，自号陶朱公，其间三次经商成巨富，又三散家财；第二个是清朝的胡雪岩，他在各省设立阜康银号20余处，并经营中药、丝茶业务，他曾经非常辉煌，但下场却十分悲惨。

我一直在思考，为什么历史上商人如此之多，却只有少数像范蠡、胡雪岩这样的人被世人所铭记，而那些赚了大钱的巨贾豪富却被人们淡忘了呢？

很久以后，不知道褚时健是不是还会留在人们的记忆之中，会不会进入未来的教科书或者励志书籍。但是，他有着和范蠡、胡雪岩相似的人生，那就是他们都有过辉煌，也都遭遇挫折。

我本想写一点介绍褚老在企业创立、发展和管理方面的经验的内容，让其他企业家能从中学到些许经验。但是，和褚老、马老见面，并参观褚橙庄园之后，我发现，在这些方面，做得比褚老更好的人可能比比皆是。甚至与很多成功的企业家相比，褚老在商业模式、资本运作等方面还略逊一筹。比如，褚老只知道以"滚雪球"的传统商业模式把企业从小做大，只知道从银行借贷等间接融资手段，而没有现代企业发展中的连锁经营、复制迭代、资本运作等思想，甚至他还说，上市都是骗人的鬼把戏。

褚时健身上的亮点很多，但最大的亮点应该是：曾经的"烟王""罪犯"，跌入谷底之后东山再起，一跃成为如今的"橙王"。王石自称是褚时健的粉丝，称赞褚时健是中国匠人精神的杰出代表；严介和说中国最稀缺的就是像褚时健这样的企业家；柳传志说褚时健"就是一个下金蛋的母鸡"。我觉得，在褚老身上，最值得商人甚至其他各界人士学习的恰恰是他的企业家精神。

关于企业家精神，管理大师彼得·德鲁克等提出了创新、冒险、合作、敬业、学习、执著和诚信七大要素。褚时健老先生身上就具有许多这类特质，尤其是有着不服输的性格。他在曾经的辉煌中跌倒，但在跌倒后又一次创造了神话，这股不服输的劲儿不就是德鲁克所说的执著吗？

巴顿将军说："衡量成功的标准不在站立顶峰的高度，而在跌入低谷的反弹力。"做企业真的非常艰难，人生也有诸多的困难。褚老能够创造辉煌，能够从失败中崛起，能够从谷底再次攀上高峰，这种精神是最值得敬佩的。

著名经济学家张维迎曾说："商品经济＝价格＋企业家。企业家是市场的主体，无论是资源配置，还是技术进步，都来自企业家精神的发挥和应用。"在眼下这个大众创业、万众创新的时代，资金、技术等要素供给日益充裕，而企业家精神恰恰成为最珍贵的稀缺资源。

人类社会已经进入了一个遵循摩尔定律的信息时代，技术与商业模式日新月异，企业家只有以夸父逐日般的执著，咬定青山不放松，才能屹立于市场而处于不败之地。执著和冒险精神越来越成为杰出企业家的必备品质。对一个企业家来说，不敢冒险是最大的风险，不能面对挑战和逆境则是最大的弱点。化危为机、把逆境当作反弹前的历练，是褚时健面对困境时的本能反应，而这正是对企业家精神的精确诠释。

在中秋晚会上，马静芬女士亲自安排我坐在她的旁边，并邀请我上台讲几句话。在讲话中我就提到，在我的心中，褚老的精神可以被概括为两句话，"人生总有起落，精神终可传承"，以及"自强不息，厚德载物"。我指着当时挂在褚橙庄园上明朗而圆满的月亮说，我愿以这两句话祝愿褚老、马老的企业家精神，就像皎洁的月亮那样，照亮世人，长久传承。

同样是"合伙人制度"，马云和任正非建了一座桥，而王石却挖了一个坑。身为企业的掌舵者，尤其是想做一番事业的企业家，要学会用好手中的杠杆和工具。

盼"宝万之争"勿重演中国航油事件的历史悲剧

文/陈九霖

2016年6月24日，"宝能系"提请罢免万科10名现任董事和2名监事，"宝万之争"战火重燃，各方力量参与其中，相互较劲、各出奇招，让人眼花缭乱。而媒体则铺天盖地地报道，漫骂与支持之声不绝于耳。这让我想起了发生在12年前的中国航油事件。当时，我因为一件极其普通的商业偶发事件，被人为地推到了火山口，独自在新加坡苦苦应对，甚至差点选择了却自己的生命。作为一个过来人，我以云淡风轻的态度，对当下的"宝万之争"发表一些自己的看法。

第一，"宝万之争"的前景还不明朗，存在较大的不确定性和风险性，需要各方谨慎应对。从6月24日宝能提出议案，华润不出声表态，到27日深交所发函调查华润和宝能的一致行动人关系，再到华润态度反转，表态"有异议"，又到证监会、保监会对此事给予极大关注，直至华润管理层否决临时股东大会提议……事件的发展已经大大超出各方原有的预期。原本是市场经济下的一次资本运作，却被放大并冠以更多的意义和联系……但新的风险甚至更大的风险仍然存在，管理层变动、股价动荡都将成为影响未来收益的因素，由之可能带来的独立董事制度、恶意收购甄别措施等变革，都将对市场产生深远的影响。我谨提醒：无论是投资者，还是管理层，抑或其他关联方，都须防范事态的扩大和其他可能进一步发酵的未知风险。

第二，市场规律应该得到尊重，包括监管机构、政府部门在内的有关单位也要克制。"宝万之争"至今，要求政府出面的声音不绝于耳，甚至有万科员工到政府请愿"保卫万科"，要求行政干预。事实上，政府的态度前前后后也发生了些微转变。2015年12月18日，证监会发言人首次谈及"宝万之争"，称这是市场行为，还认为"只要符合相关法律法规的要求，监管部门不会干涉"，之后却改变态度表示"高度关注"。深交所6月的发函更是迈出了实质性的一步。

我一贯认为市场有其自身的运行规律和调节机制，虽然可能需要一段时间的调整，但其自身的规律终将有效地解决问题。只要没有触犯法律，没有违背相关规定，政府无须立即实施行政干预。新加坡当年处理中国航油事件的不当做法，值得大家吸取教训。有此前车之鉴，我国有关机构也好，"宝万之争"当事人也好，一定要实事求是、冷静观察、理性决策。各方都要依法行事，去掉情怀，不能盲目从众，尤其要严防商业事件政治化（在某种意义上讲，大打情怀牌也是一种政治）!坦率地说，尽管大家都不愿意看到"宝万之争"的乱象，但客观地讲，该事件对培养市场意识和公众意识也是具有积极意义的。

第三，"宝万之争"值得企业家反思与借鉴。俗话说，商场如战场，无论是王石，还是褚时健和我本人，都是摸爬滚打，从枪林弹雨中走过来的。要想做点事情，总是会历经风雨，有时甚至"躺着也会中枪"。因此，王石也要调整心态，上帝给你关上一扇门时，一定会给你打开七扇窗。所有企业家一定要学会保护好自己、保护好企业，尤其要从做好制度的设计工作上着手，包括创立优秀的合伙人制度。仔细观察，万科的"落难"源于其没有设计好合伙人制度。合伙人制度最大的特点在于股权的分散和共同所有。从2014年4月推出"事业合伙人"持股计划以来，万科本来想实现利益共享，激发员工积极性，却没有设计好有效防范恶意收购的门槛。万科面临大股东"逼宫"的主要原因是，没有把企业的所有权和控制权割离清楚，在分散的股权结构下，管理层的话语权日渐式微。与之对比，阿里巴巴和华为也同样采用了合伙人制度，却运行良好。阿里巴巴保障了创业团队对董事会人选的提名权；华为通过全员持股构建了更大的合伙人组织，但也保障了初创团队的控制权。同样是"合伙人制度"，马云和任正非建了一座桥，而王石却挖了一个坑。身为企业的掌舵者，尤其是想做一番事业的企业家，要学会用好手中的杠杆和工具。

无论"宝万之争"的结果如何,由此而带来的国有股东、私有股东、监管层、管理层之间的角力,毫无疑问将会留下浓墨重彩的一笔。归根到底,这本是一场资本与管理之间博弈的商业行为,因此我不希望看到类似于中国航油事件那样的过分浓重的行政与政治色彩。上帝的归上帝,恺撒的归恺撒。政治与商业交互在一起,不仅会使事情更加复杂化,还一定会造成恶劣的后果!发生在12年前的中国航油事件为整个商界提供了深刻的教训,也为处理好"宝万之争"贡献了借鉴;但愿"宝万之争"能够得到圆满解决,从而成为后来者学习的榜样,而不是重蹈当年中国航油事件的历史悲剧!

千万不要套用什么模式。阿里巴巴今日成功不一定明日不会失败；阿里巴巴的成功模式放在其他企业不一定就会同样成功；阿里巴巴的成功也不一定就是马云所说的"客户第一、员工第二、股东第三"的模式的结果。

盈利为先，因时而变

文/陈九霖

"客户第一，员工第二，股东第三"：阿里巴巴董事局主席马云的这一观点与华尔街盛行的"股东第一"背道而驰。在传统理论（尤其是华尔街投资人的观点）看来，股东大于"天"。华尔街认为，股东出资建立企业的根本目的就是为了赚钱，企业是为股东赚钱的机器，应该把股东利益放在首位。而马云认为，企业只有把客户和员工利益放在前面，"以客户为中心，以市场为中心，改变自己适应别人"，这样股东才能赚到钱。从根本上说，马云和华尔街的最终目的是一样的，那就是盈利。从道的层面讲，股东建立企业的根本目就是要得到回报，之后会反过来回报社会，履行企业的社会责任。因此，从道的层面看，马云的观点与传统理论的根本目的并非相悖！

至于如何排列客户、员工和股东这三个要素的顺序，事实上是术的层面。从这个层面讲，马云把客户放第一、员工放第二实际上是实现股东回报的技术手段而已。在他看来，先有了客户才能赚到钱，赚到钱才能回馈股东。而维护客户关系、挖掘和维护客户的当然是员工。所以，员工得排第二。但其最终的落脚点还是股东利益。

马云称，"客户第一"的观点主要是出于对"人"的考虑。他认为人将成为21世纪的核心要素，只要客户满意了，员工满意了，股东一定会满意。股东不一定总是对的，最终的决定还是要企业的运营者来做。马云的观点不无道理！现今社会，科技手段的辅助让人力逐渐摆脱传统机械性劳动，人之所以为人的作用正逐步显现，人所具有的创造性将会发挥越来越大的影响。因此，自然要重视人的作用。可是，无论股东、客户还是员工都具有本身的能动性，相辅相成，难以划分哪类人具有更高的价值。况且，人非圣贤孰能无过，股东不能保证决策一定是对的，企业的掌舵者亦如是。因此，尊重人的要素、发挥人的作用，就应该让不同的人群发挥不同的作用，因时而动，因势而变。企业要想保持盈利，就要具有在不同形势下都可以有效应对的一套体系。在这种情况下，细分客户、员工和股东哪个最重要，就没有那么大的意义了！

以我在企业工作近30年并长期经营企业的经历来看，在企业发展的不同阶段，客户、员工和股东的重要性和优先程度是不一样的，不一定要被一成不变的观点束缚住。为什么这样说？因为从根本上讲，企业存在的目的就是为了盈利，这三者的重要性也应从盈利的角度出发，因时、因地、因势、因企而变。

我认为，有时候股东应该被放在优先位置，尤其是在企业起步阶段和创业融资时期。不言而喻，巧妇难为无米之炊，没有资本，没有股东投资，能够建立起企业吗？哪个企业在融资之时，不是向股东展示企业会给股东带来多大回报呢？谁能对股东说，"我向你融资就是为了客户和员工"？因此，这个阶段，理所当然地就是股东第一、员工第二、客户第三！

获得融资之后，创业初期，员工是最重要的资源，建立一支分工明确、高效运作的团队，是企业能够良好运营的重要保障。很多企业会花大价钱聘任优秀人才。只有组织架构搭好了，才能保障公司的运行，才能为客户提供高质量的产品或优质的服务以完成原始客户积累。这样，才能有足够的能力吸引股东的资金，把企业做大做强。在这一阶段，自然就是员工第一、客户第二、股东第三了！

等到公司稳定运作，有了相对稳定的现金流和客户群体的时候，争取融资以扩大规模就成为企业发展的头等大事。在这一阶段，股东的重要性自然被再次提到最高，企业必须满足股东要求，对企业进行一定的改制和完善，甚至得迁就股东上市、分红、回购等要求。因此，这一时期，股东第一，客户第二，员工第三。

获得融资后，公司规模扩大，现金流增加，公司想要做大做强，重点自然会放在全力维护及拓展客户关系上。这时候，是客户第一，员工第二，股东第三。

除此之外，因行业不同，各个要素的顺序也不一样！阿里巴巴作为中国电商的领军者，自然是以维持稳定的客户市场为主。但投行之类的企业，企业最核心的资产是人才，因此员工的重要性非常突出，大多数情况下应该是员工第一、客户第二、股东第三！作为基金类企业，其顺序应该是：LP（可视为股东）第一、员工第二、客户（项目）第三！

综上可见，在企业发展的不同阶段面临着不一样的资金、市场或者人才需求；不同性质的企业，其股东、员工和客户的位置排列也存在不同。在我看来，没有必要对这三者进行硬性排序，最重要的就是把企业的根本利益放在前面。只要想清楚企业的长远战略和现阶段的目标与运营目的，就能因时制宜，选择最适合企业自身发展的观念和道路。千万不要套用什么模式！阿里巴巴今日成功不一定明日不会失败（连比尔·盖茨都警言："微软离破产只剩下73天了"）；阿里巴巴的成功模式放在其他企业不一定就会同样成功；阿里巴巴的成功也不一定就是马云所说的"客户第一、员工第二、股东第三"的模式的结果。尽管马云一直声称客户第一、员工第二、股东第三，但阿里巴巴在其经营过程中未必在各个领域、各个阶段都是如此！

一言以蔽之，企业发展的每个阶段都有不同的使命和任务，各个企业也有区别，做企业最核心的内容就是创造财富、创造价值，其他的都是实现根本目的的方式和方法。因地制宜、因时制宜、充分考虑企业自身情况、活用各类资源才是企业制胜的根本之道。

撰稿人

张海，山东潍坊人，职业电影工作者。从事兵器设计的作品有《狄仁杰之通天帝国》《关云长》等。担任制片人的作品有《目击者》《君子道》《游艇风暴》等。

李军奇，目前任南方周末报系《精英》杂志副总经理兼采编中心主任职位。有逾15年的媒体采编经历，服务过多家著名媒体，在《华商报》报社参与创办过西北大型的门户网站——华商网；在南方报业，他积极探索移动互联时代传统媒体的转型，曾获"南方报业2012年度记者"称号。著作有《带一本书去西安》《零经验同盟》等。

原业伟，《出版商务周报》记者，曾经做过图书编辑、电子书编辑，关注出版产业创新。

沈威风，财经作家，媒体人，互联网从业人员。曾就职于《经济观察报》，先后在凡客诚品、滴滴打车和阿里巴巴等公司从事公关品牌方面的工作。出版作品有《淘宝网：倒立者赢》《职场红楼》《职场金庸》等。

崔澄宇，网名"小刀崔"，书痴，媒体人，太极拳爱好者。与长江商学院EMBA合作，撰写《长江长》企业家访谈。

陆新之，商业观察家，亨通堂文化传播机构的创办人之一，德丰基金合伙人，北京华育助学基金会理事，长期致力于研究中国商业环境转变和解读企业案例。

陈久霖，又名陈九霖，前中国航油（新加坡）股份有限公司执行董事兼总裁，现任北京约瑟投资有限公司董事长。他执掌中国航油期间缔造了一个商业传奇，被称为"航油大王"。后因中航油事件入狱服刑，出狱后再战商界。

图书在版编目(CIP)数据

文化与创意/ 陆新之主编. —成都:西南财经大学出版社,2017.4
(常读. 人物志)
ISBN 978 - 7 - 5504 - 2832 - 4

Ⅰ.①文…　Ⅱ.①陆…　Ⅲ.①名人—生平事迹—中国
Ⅳ.①K820.7

中国版本图书馆 CIP 数据核字(2017)第 014114 号

文化与创意
WENHUA YU CHUANGYI

陆新之　主编

图书策划:亨通堂文化
责任编辑:张明星
助理编辑:廖韧
特约编辑:朱莹
封面设计:墨创文化
责任印制:封俊川

出版发行	西南财经大学出版社(四川省成都市光华村街55号)
网　　址	http://www.bookcj.com
电子邮件	bookcj@ foxmail. com
邮政编码	610074
电　　话	028 - 87353785　87352368
印　　刷	郫县犀浦印刷厂
成品尺寸	140mm × 200mm
印　　张	6.875
字　　数	155 千字
版　　次	2017 年 4 月第 1 版
印　　次	2017 年 4 月第 1 次印刷
书　　号	ISBN 978 - 7 - 5504 - 2832 - 4
定　　价	30.00 元